実践例から学びを深める

保育内容・領域

言葉
指導法

久富 陽子 編著

小山 朝子
和田 美香
岩井 真澄
石川 昌紀
小櫃 智子
相樂 真樹子

わかば社

はじめに

　私たちの生活にとって、言葉は欠くことができない非常に重要なものです。普段、何気なく、当たり前のように使っているのがこの言葉です。しかし、私たちは生まれたばかりのころは、言葉らしい言葉はもっていません。泣くこと、あるいは表情でしか、他者に自分の思いを告げることができなかったのです。通常は満3歳くらいなると、一人前に言葉を巧みに使い、他者とかかわったり、自分の意思を伝えたり、興味のあることに疑問をぶつけたりができるようになります。この姿はある意味自然の姿にも思えますが、実際にはこの数年のプロセスには子どもなりの日々の努力と周囲の大人の適切なかかわりが重要であることは言うまでもありません。実際に、そうした適切なかかわりが受けられず、言葉の獲得に課題をもつ子どもも増えています。それには、現代のICTが進んだ生活が利便性を追求する一方で、子どもが言葉を獲得しにくい状況をつくりがちであるということも考えられるでしょう。その意味でも、保育者になる人が領域「言葉」のねらいや内容への理解を深め、一人一人の子どもたちが言葉の必要性や豊かさ、おもしろさをたくさん味わいながら成長していくことができるような環境の重要性を十分に知り、それを実践できる力を身につけることは非常に重要であると考えています。

　本書のPART 1では、保育内容　領域「言葉」のねらいおよび内容について確認し、その展開として保育の過程である記録、指導計画の作成の基本、評価等について学んでいきます。PART 2では、保育の展開と指導法について、全8章構成で具体的な保育実践の事例等やポイント、さらには演習課題として「Active Learning」に取り組み、学びを深めることができるようになっています。第7章には「複数の言語の中で育つ子ども」を設け、多様性を認め合える社会の中で保育者になる人に、ぜひ学んでほしい知識や保育実践のポイントも入れました。PART 3では、保育現場の実践紹介と解説、小学校との接続、現代的な課題を解説し、さらに学びが深められる構成となっています。

　保育者養成で学ぶ学生のみなさんには、授業などで保育の知識を受け身で学ぶだけでなく、疑問に思ったり興味をもったりしたことを自ら探求していただきたいと思っています。そのことが「学び続ける専門性豊かな保育者」へと育つためには、非常に重要であると考えているからです。その意味でも、本書に用意されている「Active Learning」で対話などを通して学ぶことはもちろん、学生さんたち自らが「Active Learning」や課題等を考えて、さらなる探求をしていくことも期待しています。

　最後になりましたが、本書刊行に当たり、貴重な保育実践や写真を提供してくださりご協力いただきました保育現場の先生方、いつも適切な助言をくださる編集者の田中直子さんに心より御礼を申し上げます。

　　2023年4月

編者　久富陽子

Contents

Part 2　保育の展開と指導法を学ぼう

Part 3 Step up! 保育実践の学びを深めよう

本書について

○ 本書では、「幼稚園教育要領」は「教育要領」、「保育所保育指針」は「保育指針」、「幼保連携型認定こども園教育・保育要領」は「教育・保育要領」と略し、表記しています（初出のみ正式名称）。

○「幼稚園、保育所、認定こども園、施設等」を総称して「園」もしくは「保育・教育施設」を総称して「保育施設」という用語で解説しています。

○「教育・保育」は総称して「保育」という用語で解説しています。

○ 本書掲載の事例および指導法例等の子どもの名前は仮名です。

○ 本書掲載の事例および指導法例では、その事例および指導法例で年齢が特定できる場合はクラス表記を、また発達の著しい3歳未満児には年齢および月齢を記載しています。

○ Part 2の「指導法例」では、その指導法で特に学んでほしい事柄を「Point」としてまとめています。

○ 本文に関連する内容を「Column」として随所に設けています。

○ 本書では、「Active Learning」と称し、演習課題を掲載しています。Part 1およびPart 3では各Part末、Part 2では各章末に設けています。各「Active Learning」には「Hint」として、その課題を行う際の手がかりや手順、例などを記しています。なお、各「Active Learning」の解答例などはありません。

○ 引用・参考文献は巻末に一括掲載しています。

Part 1

保育内容とその展開の理論を学ぼう

第1章 子どもと言葉について学ぼう

1. 言葉とは

（1）言葉と私たち

　今、私はここに文章を書いています。文章は「言葉」の集合であり、そこには書き手である私の考えや思いなどがつづられます。みなさんは、ここに書かれている文章（言葉）を読み、私からのメッセージを読み取ろうとしています。このようにして、私は会ったことのないみなさんとの間に、つながりのようなものをもつことができています。それは、「言葉」があるからだといえるでしょう。

　私たち人類が「言葉」を獲得したのは、人類そのものの誕生からすれば、ずっとあとのことです。「言葉」を獲得した私たちの祖先は、生き方や生活を大きく変化させました。「言葉」を使うことで、文化を創造したり、社会の仕組みをつくったりし、人間は飛躍的な発展をしました。これは私たち人間がほかの動物たちと大きく違うことでもあります。みなさんの生活のあらゆるところには「言葉」が存在し、そのことによってみなさんの生活が成り立っていることに気づかされることでしょう。机の上、カバンの中、スマートフォンの中、そしてあなたの体の中にも「言葉」があることでしょう。もはや、私たちは「言葉」なくして生きていくことはとてもむずかしいことになっています。

（2）何かを生み出すために欠くことができない「言葉」

　2012（平成24）年に本屋大賞を受賞した三浦しをん作の『舟を編む』[1]に以下のような文章があります。

　　　なにかを生み出すためには、言葉がいる。岸辺（※作中の人の名前）はふと、はるか昔に地球上を覆っていたという、生命が誕生するまえの海を想像した。混沌とした、ただ蠢くばかりだった濃厚な液体を。ひとのなかにも、同じような海がある。そこに、言葉という落雷があってはじめて、すべては生まれてくる。愛も、心も。言葉によって象られ、昏い海から浮かびあがってくる。

　私たちは日々生きている中で、さまざまな感情や感覚等を、体を通して味わっています。眠い、疲れた、おもしろい、楽しい、むずかしい、おいしい、美しいなどです。それらを実際に感じているのは私たちの体なのですが、そこに言葉が結びつくことによって、

その感覚をより明確に認識することができています。さらには、そのことを他者に伝え、共感してもらうこともできます。もしも、言葉がなかったら、私たちは自分自身が感じているそのことが、どういうことなのかさえわからないでいるのかもしれません。こうした意味においても、「言葉」は私たちが「私」として生きていくためにも、多くの他者と関係をつくるためにも欠くことのできないものであることがわかります。

　みなさんは有名なヘレン・ケラーの物語をご存知でしょうか。生後間もなく視力、聴力を失い、世の中に「言葉」というものがあることを知らずにいたころのヘレンは、横暴でしたい放題に行動し、他者とかかわることもできず、いわゆる人らしい生活ができませんでした。手話や指で文字の綴りをまねすることはできても、それが「言葉」というものであることはわからず、ただ、反応するかのように行っていただけでした。ヘレンがはじめて「言葉」という存在を知った有名なシーンがあります。ヘレンが自分の手で感じている冷たくて流れるような物体、それが「water（水）」という「言葉（名称）」と結びつくことを知ったとき、彼女は「言葉」の存在をはじめて理解できたのです。その後、彼女の周囲の世界のありようは、劇的に変わったのです。今までは混沌とした中にあった世のすべてのものが、一つ一つの「言葉」と結びつくことで、はっきりとその存在を表してくれたのです。混沌とした世界が「言葉」によって整理されたといえるでしょう。「言葉」があるからこそ、私たちの周囲にあるもの、私たちの中にある感情や考えなどは輪郭をもち、世界の中にはっきりとその存在を表すことができるのです。

（3）「言葉」の意味

　「言葉」を『広辞苑』[2)] で調べてみると、「ことば【言葉・詞・辞】① ある意味を表すために、口で言ったり字に書いたりするもの、② 物の言いかた。口ぶり。語気。③ 言語による表現。（後略）」と記されています。また、『明鏡国語辞典』[3)] では、「① 人間の言語。社会的に決められた音の組み合わせで、意志・思想・感情等を表現するもの。広くは文字によるものもいう。② 単語。または、語句。（後略）」と記されています。

　『広辞苑』の解説では、「ある意味を表す」とあるように、「言葉」にはそれぞれ意味があるということが記されています。『明鏡国語辞典』のほうでは、「社会的に決められた音の組み合わせ」とあるように「言葉」は音の組み合わせであることが記され、さらには「意志・思想・感情等を表現する」とあるように、その音の組み合わせの中に考えや思い等が表現されていることが記されています。

　「言葉」は、社会で決められた記号です。日本語でいえば、「言葉」は50音の組み合わせ等でできています。50音の最初の音は「あ」ですが、「あ」という一つの音でさえ、それが人から発せられたとき、「驚き」を表現する場合もあれば、「落胆」を表現する場合もあるなど、音の高低や強弱などによってもその意味が変わるという複雑なものです。こうした複雑なものにもかかわらず、私たちは普段、当たり前のように「言葉」を自由に使い、他者や社会とコミュニケーションをとったり、文化を創造したりしています。

２．保育における子どもの言葉

（１）獲得される「言葉」

　生まれたばかりの赤ちゃんはいわゆる言葉らしい言葉を話すことはできません。私たちが認識できるような言葉を使えるようになるのは、生後１年くらい経ってからです。それも最初は「まま」「まんま」「ぶーぶー」等の同じ音が連なっているだけです。しかし、子どもは、そうした短い音の連なりの中でも、しっかりと自分が伝えたいことの意味を込め、意図的にこうした言葉を使うようになってきます。しばらくこうした音の連なりの言葉で大人とやりとりをしているのですが、ある時期に爆発的に語彙を増やしていきます。いつ、そんな言葉を覚えたのかと大人がいぶかるくらいでさえあります。そして、３歳くらいになると、それなりに自由に会話ができるくらいの言葉を使います。もちろん、音を間違えて覚えていたり、うまく音が出せなかったり、正しい意味で使えなかったり等、間違いはたくさんあるのですが、それでも身近にいる大人であれば何を伝えたいのかがわかる言葉を使えるようになります。そして、子ども本人は堂々とそうした言葉を使うことで、世界とかかわろうとしています。

　ところで、しばしば「言葉を覚える」という人がいますが、子どもはただ暗記することで言葉を獲得するのではありません。もちろん、子どもは周囲の大人が使っている言葉の音やイントネーション等を「聴く」ことによって、言葉への感覚を身につけていきます。周囲の音を聴き、それに反応するということは、胎児期の後半からすでに見られており、言葉を獲得する上で非常に重要な役割を示しています。新生児は聞いたこともない言語よりも母親が話す母語のほうにより反応しますし、母語についても正常な言葉の音と逆さまに並べた言葉の音とでは、正常なほうにより反応を示すことがわかっています。子どもは「聴く」ということで得た言葉の感覚と、実際に自分が周囲の環境とかかわりながら言葉とモノ・コトが結びつくという経験を通して、言葉への理解を深めていきます。さらに、子どもは知っている言葉をそのまま使うだけでなく、自分なりに工夫したり考えたりしながら言葉を使います。筆者の息子の例ですが、彼はレタスのことをいきなり「バリバリブツネ」と名づけ、私にもっとレタスが食べたいと要求するときには「バリバリブツネ」という言葉を繰り返しました（きっと口の中でレタスはバリバリ音を立てていたのでしょう。でもブツネはどこからきたのかわかりません）。このように、子どもは自分なりに考えながら言葉を生み出してみたり、使ってみたりもしています。領域言葉の正式名称が「言葉の獲得に関する領域　言葉」である所以はこうしたことにもあるのです。

（２）言葉の育ちにかかわる課題

　一方、言葉の獲得につまずきが見られる子どもたちがいます。言葉によるコミュニケーションが成立しにくく、保護者が育てにくさを感じたり、保育者もなかなか関係が築けずにいたりする場合があります。こうしたつまずきから、子どもがもっている特性、育ちに

おける課題が見つかる場合も少なくありません。その意味で、言葉の獲得のプロセスには、子どもの育ちをわかりやすく示してくれる指標があるともいえます。

　現代はテレビ、パソコン、スマートフォン等、多くの IT 機器に囲まれた生活となっています。今の子どもたちの多くは、幼い時期からこうした IT 機器とともに生活することになり、人と人とのリアルなやりとりが IT 機器とのかかわりにとって代わられてしまっている傾向があります。

　下記は、東京大学大学院教育学研究科付属発達保育実践政策学センターとベネッセ教育総合研究所が 2017 年～ 2020 年に行った調査結果の一部です。2016 年 4 月 2 日～ 2017 年 4 月 1 日生まれの子どもについて、全国の家庭に依頼した子どもの育ちや生活実態の調査です。

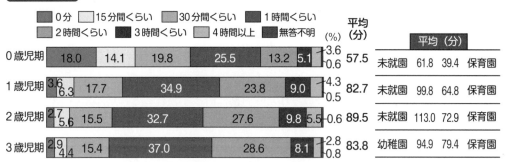

図表 1-1　子どもの育ちや生活実態調査

東京大学大学院教育学研究科附属発達保育実践政策学センター（Cedep）・ベネッセ教育総合研究所共同研究「乳幼児の生活と育ち」研究プロジェクト「乳幼児の生活と育ちに関する調査」（2017—2020）、ベネッセ教育総合研究所、2021

　調査からは、テレビ、DVD の視聴時間については、それほど長くない子どものほうが多いようですが、それでも 0 歳児のころから 1 時間くらいの視聴をしている子どももいて、4 時間以上も視聴をしている子どもさえいます。保育所などに通っている子どもよりも家にいる子どものほうが視聴時間は長いようです。最近では動画投稿サイトや動画配信サイトを見ている子どもも多いようで、電車の中でも視聴している子どもの姿をよく見かけます。

　同じ調査の結果からタブレット端末なども、2 歳児の 7 割くらいの子どもが使用していることがわかりました。子ども向けのアプリなども多様に用意されているようです。しかし、幼いころから一方的な刺激を与えられることに慣れてしまうと、子どもがリアルなコミュニケーションや体験を通して、生きた言葉と出会い、そこから言葉を獲得していく機会や子どもが考えたり工夫したりしながら自ら言葉を生み出していく機会等が狭まってしまう可能性があります。保育者は、こうした社会の変化に敏感になりながら、子どもの育つ環境のあり方を検討していく必要があります。

第2章 保育内容・領域「言葉」について学ぼう

1．保育・幼児教育の基本

（1）環境を通して行う保育の重要性

　幼稚園教育要領（以下、教育要領）、保育所保育指針（以下、保育指針）、幼保連携型認定こども園教育・保育要領（以下、教育・保育要領）のすべてにおいて、保育の目標を達成していくためには、乳幼児期の特性を踏まえて「環境を通して行う保育」を展開していくことの重要性が示されています。

　乳幼児期は、小学校のように決められた時間割に沿って教科ごとに学んでいくのではなく、毎日心地よく園生活をする中で、子ども自らの「～したい」などの欲求や「これ、何だろう？」「どうやって使うの？」など自ら興味・関心をもって直接的・具体的に取り組む体験を通して、心身が大きく育っていく時期です。よって、子どもは保育者との信頼関係を基盤にして、日々の園生活を通してあらゆる環境から刺激を受け止め、自ら興味・関心をもって主体的に環境にかかわって遊びを展開し、感じたり気づいたりしていくことを通して、充実感や満足感を味わう体験を積み重ねていくことが重要となります。その中で、環境へのかかわり方に気づいたり、それらを取り込んでいくために試行錯誤したり考えたりするようになることも大切といえます。

　保育者は子ども一人一人の状況や発達過程を踏まえて、子どもが主体的に環境にかかわることができるように計画的に環境を構成するとともに子どもと一緒に環境を整えたりつくり出すことに努め、子どもの健やかな育ちを支えていく大きな役割があります。そして保育者がその役割を果たしていくことによって、子どもは環境とかかわることへのさらなるおもしろさや楽しさに気づき、環境とのかかわり方を深めていくことにつながるのです。

（2）乳幼児期にふさわしい生活の展開

　乳幼児期の生活は、この時期ならではのふさわしい生活を展開していくことが望まれます。そのふさわしい生活を展開していくために大切にすべきことは、主に3つに整理することができます。

　一つは、「保育者との愛着関係や信頼関係に支えられた生活」です（次頁 Column 参照）。子どもは人とのかかわりを通して自ら身近な環境に積極的にかかわり世界を広げていくた

め、家庭以外のはじめての生活の場で出会う保育者に受け入れられ守られ安心感をもって過ごすことが大切です。それは愛着関係や信頼関係を築いていくことにつながり、毎日の生活を支えていくことにつながっていきます。

さらに、「興味・関心に基づいた直接的な体験が得られる生活」です。乳幼児期の生活は、小学校のように明確な時間割があるわけではありません。一人一人の子どもが自ら興味・関心をもって自発的に遊び、それを通して直接的な体験を重ねていくことが豊かな発達を促す栄養となり、自らかかわる環境について学んだり、さまざまな力を獲得したりしていくのです。その過程の中で、充実感や満足感を味わっていくことで、さらなる興味・関心を高めていくため、保育者は子どもが主体的にかかわりさまざまな経験ができる環境を整えていくことが大切になります。

もう一つは、「友達と十分にかかわって展開する生活」です。子どもは愛情ある大人とのかかわりを十分にしていくことによって、友達の存在に気づき、友達と遊びたいという気持ちが高まり、かかわっていくことが楽しくなっていきます。しかし、楽しいことばかりでなく、気持ちのぶつかり合いや、いざこざを起こすことなども出てきます。保育者の仲立ちや一緒に考えていくかかわりを通して、自分と他者の違いに気づき、友達を思いやる気持ちをもつようになるのです。そのような積み重ねが、集団で遊ぶことの楽しさを感じたり自律性を身につけるといった、社会性の育ちへとつながっていきます。よって、乳幼児期は友達と十分にかかわって展開する生活を大切にすることが重要といえるのです。

 Column 愛着関係とは

　愛着関係とは、アタッチメント（attachment）とも呼ばれており、「ある人物が特定の大人（他者）との間に結ぶ情緒的な絆」[※] のことをいいます。子どもが危機的な状態に陥り、不安や怖さなどネガティブな感情が生まれたときに、特定の大人に接近したり接近した状態を維持することを通して調整しようとする欲求です。生後6か月から2～3歳ころに形成されるものであり、家庭の養育者だけでなく、毎日保育をする保育者とも形成することができます。この理論は、イギリスの児童精神科医であるジョン・ボウルビィによって提唱され、その後は発達心理学の分野で研究がなされてきました。

※）庄司順一、奥山眞紀子、久保田まり編『アタッチメント―子ども虐待・トラウマ・対象喪失・社会的養護をめぐって』明石書店、2008、p.3

（3）遊びを通した総合的な指導

　子どもの遊びは、心身全体を働かせて行うものであるため、今、子どものもち合わせているさまざまな能力は一つ一つ個別に発達していくのではなく、相互に関連し合いながら総合的に発達していきます。たとえば、3人の3歳児が砂場で砂山づくりをして遊んでいる様子を考えてみましょう。砂山をつくるためには、砂の上に足で立ち、スコップという道具を使いながら砂を上手にすくうコントロールが必要です。砂の乾いているとサラサラで、水に湿らせると形がつくりやすくなる性質に気づいて、どうしたら砂を積み上げて山

にできるのか思いをめぐらせ試行錯誤をして行うことも必要になります。また、「砂山」をどれくらいの大きさにするのかなどのイメージを共有し合い、3人の友達同士で互いを認め合いながら協力する気持ちをもって、ときには相談し合いながらつくっていくことも大切です。子どもは、そのような多くの体験を通して、達成感や満足感を味わい、友達関係の深まりにもつながっていきます。

このように、子どもが主体的に取り組む一つの遊びの中には、子どもの成長や発達にとって重要なさまざまな体験が含まれています。そして、その多くの体験の積み重ねが、子どもの諸側面の総合的な発達の実現につながっていくのです。つまり「遊びを通した総合的な指導」とは、子どもの生活や遊びを中心に、子どもの主体性を大切にした保育を実践しようとすることで、それは自ずと総合的なものになるということを意味するのです。

（4）一人一人の発達に応じた援助

子どもの発達は、どの子どもも大筋は同じ方向性をもってなされていくものですが、一人一人の子どもを見ると、家庭の状況や生活の経験などはそれぞれ異なるため、発達のプロセスも一様ではなく独自性が見られます。だからこそ、一つの環境でも一人一人の子どもの受け止め方やかかわり方、感じ方などは異なり、それを通した経験も自ずと異なってくるのです。保育者はこれらについて心に留めながら、一人一人の子どもの発達の状況や特性をていねいにとらえ、その子どもに合わせた援助をしていくことが大切となります。

たとえば、気軽に縄をもって前跳びや後ろ跳びをしている子どももいれば、保育者に「見ててね」と言って前跳びをしている子どももいます。なかなかうまく前跳びができずにイライラしてしまう子どももいるでしょう。保育者は、それぞれの子どもに合わせて静かに見守ったり、跳んだ数を数えてほめたり、イライラする気持ちを共感しながらも励ましたりうまく跳べるコツを一緒に考えていくなど、その子どもの主体性を尊重して、その姿に合わせたかかわりをしていくことが望まれるということになります。

つまり、子どもの発達過程をていねいにとらえながらも、一人一人の子どもの発達に目を向けて、その子どもの主体性が発揮されるように保育者はそれぞれに必要とされる援助を行っていくことが重要となるのです。

2．保育内容の全体構成と領域「言葉」

（1）保育内容における領域とは

2017（平成 29）年の教育要領、保育指針、教育・保育要領の同時改訂（改定）の際に、どの年齢においても教育的側面である保育内容を整理したことによって、幼児教育の積極的な位置づけや小学校への円滑な接続の視点を反映し、どの保育施設でも同じ教育を受けられることが示されました。

保育内容・領域とは、園における保育の目標を達成していくにあたり、教育的側面にお

ける子どもが経験していく内容や保
育者が援助等を行う際の総合的な視
点のことをいいます。その領域は子
どもの発達の側面から、心身の健康
に関する領域「健康」、人とのかかわ
りに関する領域「人間関係」、身近な
環境とのかかわりに関する領域「環
境」、言葉の獲得に関する領域「言
葉」、感性と表現に関する領域「表現」
の5つで示されています。保育者は
これらすべてが重なり合い、切り離
せない関係性であることを意識して、
遊びを通して総合的に取り組んだり
計画していくことが求められます。

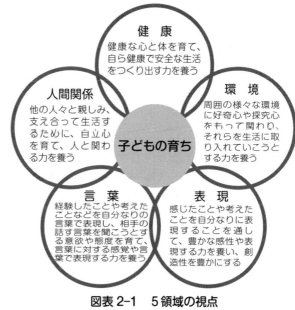

図表 2-1　5領域の視点

清水将之・相樂真樹子編『改訂版＜ねらい＞と＜内容＞から学ぶ 保
育内容・領域 健康』わかば社、2018、p.16

（2）5領域における領域「言葉」の位置づけ

　では、5つの領域はどのような関係性になっているのでしょうか。どの領域も子どもの
発達を見る視点として、とても大切なものであることは言うまでもありません。領域「言
葉」では、自分の経験したことや思いを相手に伝えたり、相手の思いを聞いたりすること
から、領域「人間関係」とも結びついており、また言葉で表現する力も養われるため、領
域「表現」とも深くかかわっています。また領域「健康」では、子どもの心と体の健康
が、さらに世界を広げながら人やものとかかわる意欲につながるため、子どもが育つとい
う意味で基本的側面ともいえます。そして、子どもにとって身近な人（保育者・友達など）
は、人とかかわることで発達を保障していくことができることからも、一つの大切な環境
ととらえることができ、領域「人間関係」と領域「環境」は、互いに密接な関係にあると
いえます。そして、領域「環境」に関する経験は、子どもの表現の経験も豊かにするなど
強く結びついていることから領域「表現」ともかかわっています。つまり、それぞれの領
域が互いにかかわり合っているのです。

　さらに、5領域の基盤となっているのが、養護であり、
安心・安全な生活を保障することで5領域で示す経験を
ていねいに積み重ねていくことができるようになります。

　このように考えると、5領域の関係性は図表2-2のよ
うに示されます。どの領域も欠かせないものであるから
こそ、保育者はこの構造をしっかりと理解し意識しなが
ら、保育することにより、子どものよりよい豊かな経験
につながっていくことでしょう。

図表 2-2「保育内容・領域」の構造

（3）保育の内容の構成

保育の内容については、教育要領では「第2章　ねらい及び内容」、保育指針では「第2章　保育の内容」、教育・保育要領では「第2章　ねらい及び内容並びに配慮事項」でそれぞれ示されています。

	幼稚園教育要領	保育所保育指針	幼保連携型認定こども園教育・保育要領
章	第2章　ねらい及び内容	第2章　保育の内容	第2章　ねらい及び内容並びに配慮事項
乳児（0歳児）		1　乳児保育に関わるねらい及び内容	第1　乳児期の園児の保育に関するねらい及び内容
		（1）基本的事項	基本的事項
		（2）ねらい及び内容　ア　健やかに伸び伸びと育つ	ねらい及び内容　健やかに伸び伸びと育つ
		（ア）ねらい　（イ）内容	1　ねらい　2　内容
		（ウ）内容の取扱い	3　内容の取扱い
		イ　身近な人と気持ちが通じ合う	身近な人と気持ちが通じ合う
		（ア）ねらい　（イ）内容	1　ねらい　2　内容
		（ウ）内容の取扱い	3　内容の取扱い
		ウ　身近なものと関わり感性が育つ	身近なものと関わり感性が育つ
		（ア）ねらい　（イ）内容	1　ねらい　2　内容
		（ウ）内容の取扱い	3　内容の取扱い
		（3）保育の実施に関わる配慮事項	
1歳以上3歳未満児		2　1歳以上3歳未満児の保育に関わるねらい及び内容	第2　満1歳以上満3歳未満の園児の保育に関するねらい及び内容
		（1）基本的事項	基本的事項
		（2）ねらい及び内容　エ　言葉※	ねらい及び内容　言葉※
		（ア）ねらい　（イ）内容	1　ねらい　2　内容
		（ウ）内容の取扱い	3　内容の取扱い
		（3）保育の実施に関わる配慮事項	
3歳以上児		3　3歳以上児の保育に関するねらい及び内容	第3　満3歳以上の園児の教育及び保育に関するねらい及び内容
		（1）基本的事項	基本的事項
	言葉※　1　ねらい　2　内容　3　内容の取扱い	（2）ねらい及び内容　エ　言葉※　（ア）ねらい　（イ）内容　（ウ）内容の取扱い	ねらい及び内容　言葉※　1　ねらい　2　内容　3　内容の取扱い
		（3）保育の実施に関わる配慮事項	
			第4　教育及び保育の実施に関する配慮事項

※5領域の「言葉」部分のみ記載。

図表2-3　教育要領、保育指針、教育・保育要領における保育の内容の構成

（4）「ねらい」「内容」「内容の取扱い」

教育要領では、3歳以上児の保育内容を「ねらい」「内容」「内容の取扱い」として、5領域ごとに示されており、保育指針および教育・保育要領では、子どもの発達状況を見据えて、乳児（0歳児）保育、1歳以上3歳未満児、3歳以上児と3つの年齢に区分し、乳児（0歳児）保育では3つの視点（本書 p.18 ～ 20参照）、1歳以上3歳未満児、3歳以上児ではそれぞれ5領域ごとに「ねらい」「内容」「内容の取扱い」が示されています。ま

た、保育指針および教育・保育要領には、各年齢区分の冒頭に「基本的事項」として、その時期の子どもの主な発達の特徴や道筋などが示されています。前頁の図表2-3の網かけ部分の「ねらい」「内容」「内容の取扱い」は各年齢区分ごとに教育要領、保育指針、教育・保育要領でほぼ同じ内容で記されています。

「ねらい」は、各年齢区分において心情・意欲・態度の3つずつ示されて、保育において「育みたい資質・能力」を子どもの生活する姿からとらえたものであり、園生活の全体を通じ、子どもがさまざまな体験を積み重ねる中で相互に関連をもちながら次第に達成に向かうものとしています。また、「育みたい資質・能力」は、「知識及び技能の基礎」「思考力、判断力、表現力等の基礎」「学びに向かう力、人間性等」の3つの柱で構成されており、遊びを通しての総合的な指導により育んでいくことが望まれているのです。さらに、遊びの中で子どもができる・できないという視点でとらえるのではなく、その過程の中で子どもがどのような経験をしたり、どのようなことを学んでいるのかをていねいにとらえていくことが求められるといえるでしょう。

「内容」は、「ねらい」を達成するために、保育者が子どもの発達の実情を踏まえながら援助をし、子どもが身につけていくことが望まれるものであり、子どもが自ら環境にかかわりながら経験してほしいこと、保育者の援助のもとで経験していくことを整理しています。そして、保育者は、子どもがこの「内容」を毎日の遊びや生活の中で繰り返し経験することによって育まれていくものであることを心に留めて、環境づくりをしたり、ていねいにかかわることが大切となります。

「内容の取扱い」は、乳幼児期の発達を踏まえた保育を行うに当たって留意すべき事項を示しています。つまり、日々の保育の中で「内容」に示されたよりよい経験を積み重ねていき、豊かな育ちにつなげていくことができるようにするため、保育者が大切にすべき保育の視点や留意事項、具体的な配慮などをよりわかりやすく示したものといえるでしょう。このように考えると、保育を計画していく際に押さえておくべき事項ともいえるので、事前にこれらの事項を確認していくことで、保育者が子どもの遊びの展開を充実させていく適切な働きかけができるようになります。

なお、保育指針では各年齢区分ごとに「保育の実施に関わる配慮事項」として、教育・保育要領では「第4　教育及び保育の実施に関する配慮事項」として、その年齢の子どもの発達過程に合わせて保育を実施するための具体的な配慮事項が示されています。子ども一人一人の発達過程を理解していくことによって、日々の保育における保育の配慮は当然ながら変わってくることを意識し、保育者はこの配慮事項などを参照しながら目の前の子どもの保育を実施する際に心に留めていくことが求められます。

次に、教育要領、保育指針、教育・保育要領から、乳児（0歳児）保育の3つの視点と、1歳以上3歳未満児および3歳以上児の領域「言葉」における「ねらい」「内容」「内容の取扱い」について確認していきましょう。

3．乳児（0歳児）保育の3つの視点
── 「ねらい」「内容」「内容の取扱い」

（1）乳児（0歳児）保育の3つの視点

　2017（平成29）年の保育指針および教育・保育要領では、乳児（0歳児）保育において、子どもの発達が未分化な状態であり、教育的側面である5領域も混沌としたものであることから、3つの視点として保育内容を整理しています。3つの視点とは、図表2-4で示しているように、身体的発達に関する視点「健やかに伸び伸びと育つ」、社会的発達に関する視点「身近な人と気持ちが通じ合う」、精神的発達に関する視点「身近なものと関わり感性が育つ」です。

　身体的発達に関する視点「健やかに伸び伸びと育つ」は、主に領域「健康」と関連しており、人が健康で安全な生活を営んでいくための基盤づくりとなるものです。乳児が身近な環境に働きかけながら身体の諸感覚を得たり、自らの体をめいっぱい動かそうとする中で、心地よく生理的欲求を満たしながら徐々に生活リズムをつくり出していくことを大切にしています。

　社会的発達に関する視点「身近な人と気持ちが通じ合う」は、主に領域「人間関係」「言葉」と関連していて、生涯にわたって重要な人とかかわり合いながら、生きていくための力の基盤づくりとなるものです。乳児は、愛情ある保育者との受容的・応答的なかかわりを通して愛着関係を形成し、体の動きや表情、発声など自分のもち合わせた力をめいっぱい使いながら、気持ちを通わせようとします。その積み重ねによって、愛情ある保育者との心地よいかかわりを深め、信頼関係が芽生えていくことにつながっていきます。

　精神的発達に関する視点「身近なものと関わり感性が育つ」は主に領域「環境」「表現」と関連しており、子どもが環境との豊かなかかわり合いを通して、自分の生きる世界を広げたり深めたりしていく上での基盤づくりとなるものです。子どもは愛情ある保育者との安定した心地よい関係を拠りどころにして、身近な環境にあるさまざまなものに興味・関心をもち、見る、触れる、探索するなど自らかかわろうとするようになります。それらを積み重ねていくことによって、身体の諸感覚による認識が豊かになり、自らの表情や手足、体の動きなどでの表現につながっていくのです。

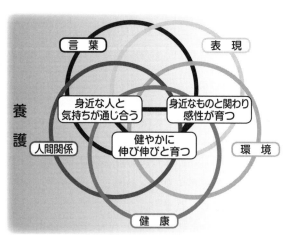

※生活や遊びを通じて、子どもたちの身体的・精神的・社会的発達の基盤を培う

図表2-4　乳児の保育内容の3つの視点

社会保障審議会児童部会保育専門委員会（第10回）会議資料、2016

（2）乳児（0歳児）保育の「ねらい」および「内容」
── 社会的発達に関する視点「身近な人と気持ちが通じ合う」と領域「言葉」

　乳児は、この世に出生すると同時に、周囲の愛情ある大人にかかわり、世話をしてもらいながら日々の生活を積み重ねていきます。授乳やオムツ交換などの生理的欲求を充足してもらったり、自ら発した声や表情に応えるようにあやしてもらったり、温かなぬくもりを感じる抱っこなどを心地よく感じたりすることでしょう。このように乳児は、人との心地よいかかわりを通して発達がなされていくのです。そして、これが社会の中で生きていく人間としての出発点であることも心に留めておくことが大切です。

　乳児期は、乳児の主体性を尊重した愛情ある保育者の受容的・応答的なかかわりの積み重ねによって愛着関係を形成し、人に対する基本的信頼感を培うことにつながっていきます。そして、安心・安定した関係性のもとで、自分の気持ちを体の動きやしぐさ、声、喃語などで表現しようとする姿になっていくのです。これが生涯、人とかかわり合いながら豊かに生きていくための力の基盤となるといえるでしょう。

　このような乳児自らの経験が、人とのかかわりの中で思いや要求を体の動きなどだけでなく、言葉を使って伝えようとする姿へと広がっていきます。そして、保育者が一人一人の乳児なりに伝えようとする姿を受け止め、やさしく応えたり、やりとりをしていく中で乳児は伝わった喜びを感じたり、さらに覚えた言葉を使って伝えようとする意欲へとつながっていくのです。つまり、社会的発達の視点「身近な人と気持ちが通じ合う」が主に領域「人間関係」と領域「言葉」と関係しており、子どもが成長することで、徐々に分化して示すことができるようになることが理解できるでしょう。

　1歳児以降になると、乳児保育に示されている3つの視点から、教育的側面である5領域として示されるようになりますので、1歳児への移行を踏まえ、乳児保育においても3つの視点と5領域の連続性を意識していくことも大切です。その際、子どもの発達は個人差が大きいことから、一人一人の子どもの様子に合わせて、柔軟に移行していくことが求められます。よって、「身近な人と気持ちが通じ合う」という視点と領域「言葉」の双方に示された内容をていねいに見ながら保育を考え、移行していくようにしましょう。また、乳児保育は、複数の担任保育者同士で共通理解をもち考えていくことも大切です。

（3）乳児（0歳児）保育の「内容の取扱い」

　乳児は、心身のさまざまな機能が未熟であり、発達の諸側面が互いに密接な関連をもち未分化な状態です。保育者は、十分に安全確保をして、子どもが安心して心地よく過ごすことができるような環境づくりに努めていき、子ども自らが生きようとする力を発揮しながら生活や遊びを充実していくことができるように配慮していくことが大切になります。また、生活や遊びを養護と教育に一体性をもたせながら各視点を意識して乳児の保育を展開していくことも重要になります。

3つの視点	身体的発達に関する視点	社会的発達に関する視点	精神的発達に関する視点
	健やかに伸び伸びと育つ	身近な人と気持ちが通じ合う	身近なものと関わり感性が育つ
目標	健康な心と体を育て、自ら健康で安全な生活をつくり出す力の基盤を培う。	受容的・応答的な関わりの下で、何かを伝えようとする意欲や身近な大人との信頼関係を育て、人と関わる力の基盤を培う。	身近な環境に興味や好奇心をもって関わり、感じたことや考えたことを表現する力の基盤を培う。
ねらい	①身体感覚が育ち、快適な環境に心地よさを感じる。	①安心できる関係の下で、身近な人と共に過ごす喜びを感じる。	①身の回りのものに親しみ、様々なものに興味や関心をもつ。
	②伸び伸びと体を動かし、はう、歩くなどの運動をしようとする。	②体の動きや表情、発声等により、<u>保育士（保育教諭）</u>等と気持ちを通わせようとする。	②見る、触れる、探索するなど、身近な環境に自分から関わろうとする。
	③食事、睡眠等の生活のリズムの感覚が芽生える。	③身近な人と親しみ、関わりを深め、愛情や信頼感が芽生える。	③身体の諸感覚による認識が豊かになり、表情や手足、体の動き等で表現する。
内容	①<u>保育士（保育教諭）</u>等の愛情豊かな受容の下で、生理的・心理的欲求を満たし、心地よく生活をする。	①<u>子ども（園児）</u>からの働きか<u>け</u>（掛）けを踏まえた、応答的な触れ合いや言葉<u>が</u>（掛）けによって、欲求が満たされ、安定感をもって過ごす。	①身近な生活用具、玩具や絵本などが用意された中で、身の回りのものに対する興味や好奇心をもつ。
	②一人一人の発育に応じて、はう、立つ、歩くなど、十分に体を動かす。	②体の動きや表情、発声、喃語（なんご）等を優しく受け止めてもらい、<u>保育士（保育教諭）</u>等とのやり取りを楽しむ。	②生活や遊びの中で様々なものに触れ、音、形、色、手触りなどに気付き、感覚の働きを豊かにする。
	③個人差に応じて授乳を行い、離乳を進めていく中で、様々な食品に少しずつ慣れ、食べることを楽しむ。	③生活や遊びの中で、自分の身近な人の存在に気付き、親しみの気持ちを表す。	③<u>保育士（保育教諭）</u>等と一緒に様々な色彩や形のものや絵本などを見る。
	④一人一人の生活のリズムに応じて、安全な環境の下で十分に午睡をする。	④<u>保育士（保育教諭）</u>等による語り<u>か</u>（掛）けや歌い<u>か</u>（掛）け、発声や喃語等への応答を通じて、言葉の理解や発語の意欲が育つ。	④玩具や身の回りのものを、つまむ、つかむ、たたく、引っ張るなど、手や指を使って遊ぶ。
	⑤おむつ交換や衣服の着脱などを通じて、清潔になることの心地よさを感じる。	⑤温かく、受容的な関わりを通じて、自分を肯定する気持ちが芽生える。	⑤<u>保育士（保育教諭）</u>等のあやし遊びに機嫌よく応じたり、歌やリズムに合わせて手足や体を動かして楽しんだりする。
内容の取扱い	① 心と体の健康は、相互に密接な関連があるものであることを踏まえ、温かい触れ合いの中で、心と体の発達を促すこと。特に、寝返り、お座り、はいはい、つかまり立ち、伝い歩きなど、発育に応じて、遊びの中で体を動かす機会を十分に確保し、自ら体を動かそうとする意欲が育つようにすること。	① <u>保育士（保育教諭）</u>等との信頼関係に支えられて生活を確立していくことが人と関わる基盤となることを考慮して、<u>子ども（園児）</u>の多様な感情を受け止め、温かく受容的・応答的に関わり、一人一人に応じた適切な援助を行うようにすること。	① 玩具などは、音質、形、色、大きさなど<u>子ども（園児）</u>の発達状態に応じて適切なものを選び、その時々の<u>子ども（園児）</u>の興味や関心を踏まえるなど、遊びを通して感覚の発達が促されるものとなるように工夫すること。なお、安全な環境の下で、<u>子ども（園児）</u>が探索意欲を満たして自由に遊べるよう、身の回りのものについては、常に十分な点検を行うこと。
	② 健康な心と体を育てるためには望ましい食習慣の形成が重要であることを踏まえ、離乳食が完了期へと徐々に移行する中で、様々な食品に慣れるようにするとともに、和やかな雰囲気の中で食べる喜びや楽しさを味わい、進んで食べようとする気持ちが育つようにすること。なお、食物アレルギーのある<u>子ども（園児）</u>への対応については、<u>嘱託医（学校医）</u>等の指示や協力の下に適切に対応すること。	② 身近な人に親しみをもって接し、自分の感情などを表し、それに相手が応答する言葉を聞くことを通して、次第に言葉が獲得されていくことを考慮して、楽しい雰囲気の中での<u>保育士（保育教諭）</u>等との関わり合いを大切にし、ゆっくりと優しく話し<u>か</u>（掛）けるなど、積極的に言葉のやり取りを楽しむことができるようにすること。	② 乳児期においては、表情、発声、体の動きなどで、感情を表現することが多いことから、これらの表現しようとする意欲を積極的に受け止めて、<u>子ども（園児）</u>が様々な活動を楽しむことを通して表現が豊かになるようにすること。

ここでは、「保育指針」の記述を掲載しているが、「教育・保育要領」の記述もおおよそ同じ内容となっている。下線部および（　）部は、「保育指針」の記述と異なる「教育・保育要領」で示されている記述である。なお、「教育・保育要領」では（1）（2）…と示されている。

図表2-5　乳児（0歳児）の保育内容

4．1歳以上3歳未満児および3歳以上児の領域「言葉」
―「ねらい」「内容」「内容の取扱い」

（1）1歳以上3歳未満児および3歳以上児の「ねらい」

　2017（平成29）年の保育指針および教育・保育要領において、乳児（0歳児）保育に関する3つの視点同様に、1歳以上3歳未満児においては5領域が示されました。この5領域は、乳児（0歳児）保育に関する3つの視点および3歳以上児の5領域と連続性のあるものとして意識しながら、子どもの生活や遊びが充実できるように展開していくことが求められます。3歳以上児においては、従来の5領域と同様に示されていますが、1歳以上3歳未満児の5領域との連続性はもちろんのこと、小学校教育との円滑な接続を図ることを見据えてていねいに保育を展開していくことが求められています。

　図表2-6には、領域「言葉」の「目標」と「ねらい」を示しました。1歳以上3歳未満児および3歳以上児の「目標」は教育要領、保育指針、教育・保育要領とも共通して以下のように示されています。さらに、この「目標」を具現化した子どもの姿が「ねらい」であり、1歳以上3歳未満児では保育指針、教育・保育要領、3歳以上児では教育要領、保育指針、教育・保育要領の第2章にそれぞれ共通して3つあげられています。

「目標」
経験したことや考えたことなどを自分なりの言葉で表現し、相手の話す言葉を聞こうとする意欲や態度を育て、言葉に対する感覚や言葉で表現する力を養う。

1歳以上3歳未満児 「ねらい」
①言葉遊びや言葉で表現する楽しさを感じる。
②人の言葉や話などを聞き、自分でも思ったことを伝えようとする。
③絵本や物語等に親しむとともに、言葉のやり取りを通じて身近な人と気持ちを通わせる。

ここでは、「保育指針」の記述を掲載しているが、「教育・保育要領」では（1）（2）…と示されている。

3歳以上児 「ねらい」
（1）自分の気持ちを言葉で表現する楽しさを味わう。
（2）人の言葉や話などをよく聞き、自分の経験したことや考えたことを話し、伝え合う喜びを味わう。
（3）日常生活に必要な言葉が分かるようになるとともに、絵本や物語などに親しみ、言葉に対する感覚を豊かにし、先生（保育士等、保育教諭等）や友達と心を通わせる。

ここでは、「教育要領」の記述を掲載している。下線部および（　）部は、「教育要領」の記述と異なる「保育指針」および「教育・保育要領」で示されている記述である。なお、「保育指針」では①、②…と示されている。

図表2-6　1歳以上3歳未満児および3歳以上児の「目標」「ねらい」

　このように見ると、1歳以上3歳未満児の3つのねらいと3歳以上児の3つのねらいはそれぞれ連続性があり、領域「言葉」における就学前までの教育・保育のビジョンが理解できることでしょう。保育者は、子どもが環境に積極的にかかわる機会をもてるようにし、それによって子ども自ら気がついたり、感じたり、考えることができる場や時間を保障することが、このねらいの姿を実現することにつながります。

（2）1歳以上3歳未満児および3歳以上児の「内容」

　領域「言葉」における「ねらい」に示された具体的な子どもの姿を実現するために、子どもに毎日の保育の中で繰り返し経験してほしいことが「内容」に示されています。

　1歳以上3歳未満児は、保育者や他児とかかわりながら興味・関心をもって、思いのままにしぐさや表情に表したり、声を出して言葉で伝えようとします。保育者は安全で安心できる環境の中で、その姿をていねいに受け止めることが大切です。そのようなかかわりの中で、自分が伝えたいことが伝わった喜びや簡単な言葉のやりとり、リズミカルな言葉の楽しさやおもしろさが感じられるようになっていきます。特に言葉を獲得していく2歳ころになると、大人が使っている言葉に興味・関心をもち、まねをして使いたがるようになります。保育者は自らの言葉づかいを確認していくことも大切です。また、このころになると象徴機能が発達し、イメージをもって遊ぶことも増えていきます。絵本や物語との出会いも大切にし、その世界を想像していくことを楽しめる経験にもつなげていきましょう。

　3歳以上児は、さらに広がる保育者や友達との関係の中で、自分のしたいことやしてほしいことなどを言葉で表現したり、生活や遊びの中で言葉で話したり聞いたりすることが増えていきます。保育者は子どもなりに言葉で表現することを肯定的に受け止め、子ども

1歳以上3歳未満児　「内容」
①<u>保育士等</u>（保育教諭等）の応答的な関わりや話しかけにより、自ら言葉を使おうとする。
②生活に必要な簡単な言葉に気付き、聞き分ける。
③親しみをもって日常の挨拶に応じる。
④絵本や紙芝居を楽しみ、簡単な言葉を繰り返したり、模倣をしたりして遊ぶ。
⑤<u>保育士等</u>（保育教諭等）とごっこ遊びをする中で、言葉のやり取りを楽しむ。
⑥<u>保育士等</u>（保育教諭等）を仲立ちとして、生活や遊びの中で友達との言葉のやり取りを楽しむ。
⑦<u>保育士等</u>（保育教諭等）や友達の言葉や話に興味や関心をもって、聞いたり、話したりする。

　1歳以上3歳未満児の「内容」は、「保育指針」の記述を掲載しているが、「教育・保育要領」の記述内容も同様となっている。下線部および（　）部は、「保育指針」の記述と異なる「教育・保育要領」で示されている記述である。なお、「教育・保育要領」では（1）（2）…と示されている。

3歳以上児　「内容」
(1) <u>先生</u>（保育士等、保育教諭等）や友達の言葉や話に興味や関心をもち、親しみをもって聞いたり、話したりする。
(2) したり、見たり、聞いたり、感じたり、考えたりなどしたことを自分なりに言葉で表現する。
(3) したいこと、してほしいことを言葉で表現したり、分からないことを尋ねたりする。
(4) 人の話を注意して聞き、相手に分かるように話す。
(5) 生活の中で必要な言葉が分かり、使う。
(6) 親しみをもって日常の挨拶をする。
(7) 生活の中で言葉の楽しさや美しさに気付く。
(8) いろいろな体験を通じてイメージや言葉を豊かにする。
(9) 絵本や物語などに親しみ、興味をもって聞き、想像をする楽しさを味わう。
(10) 日常生活の中で、文字などで伝える楽しさを味わう。

　3歳以上児の「内容」は「教育要領」の記述を掲載しているが、「保育指針」および「教育・保育要領」の記述もおおよそ同じ内容となっている。下線部および（　）部は、「教育要領」の記述と異なる「保育指針」および「教育・保育要領」で示されている記述である。なお、「保育指針」では①、②…と示されている。

図表2-7　1歳以上3歳未満児および3歳以上児の「内容」

同士の思いを仲立ちするなどをして、子どもが友達の思いに気づいたり、考えたりする経験を大切にします。また、保育者や友達の話に耳を傾けて聞く経験を繰り返す中で、言葉で伝え合うことの楽しさが深まっていきます。さらに、日常生活の中で文字を使い、伝えていく経験を積み重ねることで、文字に対する興味・関心へとつなげていきましょう。

（3）1歳以上3歳未満児および3歳以上児の「内容の取扱い」

「内容」に示された経験してほしいことを、その時期の子どもの発達を踏まえて保育において行うに当たっての配慮が「内容の取扱い」です。1歳以上3歳未満児も3歳以上児も共通していることは、身近な人に親しみをもって接する中で、子ども自ら主体的に自分の感情や考えを伝えようとすることを大切にしたり、保育者や友達に受け止めてもらいながら言葉を使ったやりとりをすることを楽しむ経験を重ねていく過程を大切にするということです。そして、保育者は何かを教えるのではなく、日常生活の中で子ども自ら言葉を豊かに使い、話したり耳を傾けて聞いたりする場面を大切にして、共感したり一緒に考えるなど子どもの姿に寄り添っていくことが求められます。

1歳以上3歳未満児　「内容の取扱い」
①身近な人に親しみをもって接し、自分の感情などを伝え、それに相手が応答し、その言葉を聞くことを通して、次第に言葉が獲得されていくものであることを考慮して、楽しい雰囲気の中で<u>保育士等</u>（保育教諭等）との言葉のやり取りができるようにすること。
②<u>子ども</u>（園児）が自分の思いを言葉で伝えるとともに、他の<u>子ども</u>（園児）の話などを聞くことを通して、次第に話を理解し、言葉による伝え合いができるようになるよう、気持ちや経験等の言語化を行うことを援助するなど、<u>子ども</u>（園児）同士の関わりの仲立ちを行うようにすること。
③この時期は、片言から、二語文、ごっこ遊びでのやり取りができる程度へと、大きく言葉の習得が進む時期であることから、それぞれの<u>子ども</u>（園児）の発達の状況に応じて、遊びや関わりの工夫など、保育の内容を適切に展開することが必要であること。

1歳以上3歳未満児の「内容の取扱い」は、「保育指針」の記述を掲載しているが、「教育・保育要領」の記述もおおよそ同じ内容となっている。下線部および（　）部は「保育指針」の記述と異なる「教育・保育要領」で示されている記述である。なお、「教育・保育要領」では（1）（2）…と示されている。

3歳以上児　「内容の取扱い」
（1）言葉は、身近な人に親しみをもって接し、自分の感情や意志などを伝え、それに相手が応答し、その言葉を聞くことを通して次第に獲得されていくものであることを考慮して、<u>幼児</u>（子ども、園児）が<u>教師</u>（保育士等、保育教諭等）や他の<u>幼児</u>（子ども、園児）と関わることにより心を動かされるような体験をし、言葉を交わす喜びを味わえるようにすること。
（2）<u>幼児</u>（子ども、園児）が自分の思いを言葉で伝えるとともに、<u>教師</u>（保育士等、保育教諭等）や他の<u>幼児</u>（子ども、園児）などの話を興味をもって注意して聞くことを通して次第に話を理解するようになっていき、言葉による伝え合いができるようにすること。
（3）絵本や物語などで、その内容と自分の経験とを結び付けたり、想像を巡らせたりするなど、楽しみを十分に味わうことによって、次第に豊かなイメージをもち、言葉に対する感覚が養われるようにすること。
（4）<u>幼児</u>（子ども、園児）が生活の中で、言葉の響きやリズム、新しい言葉や表現などに触れ、これらを使う楽しさを味わえるようにすること。その際、絵本や物語に親しんだり、言葉遊びなどをしたりすることを通して、言葉が豊かになるようにすること。
（5）<u>幼児</u>（子ども、園児）が日常生活の中で、文字などを使いながら思ったことや考えたことを伝える喜びや楽しさを味わい、文字に対する興味や関心をもつようにすること。

3歳以上児の「内容の取扱い」は「教育要領」の記述を掲載しているが、「保育指針」および「教育・保育要領」の記述もおおよそ同じ内容となっている。下線部および（　）部は、「教育要領」の記述と異なる「保育指針」および「教育・保育要領」で示されている記述である。なお、「保育指針」では①、②…と示されている。

図表 2-8　1歳以上3歳未満児および3歳以上児の「内容の取扱い」

第 3 章

保育内容・領域「言葉」の展開について学ぼう

1．乳児（0歳児）保育における3つの視点の展開
── 「身近な人と気持ちが通じ合う」を中心に

（1）乳児に対する保育者の基本的なかかわり

　乳児は大人による世話を受けなければ生きていけませんが、まったく受け身の存在というわけではありません。乳児は、泣き声やまなざし、身振り、体の動きなど、あらゆる力の限りを使って、積極的に周囲とコミュニケーションをとろうとしているのです。

　乳児が手足をバタバタさせたら「あら、楽しそうね」と笑顔で声をかけたり、寂しくて泣いているのかなと思ったら、抱き上げてやさしく声をかけてあげたりするなど、保育者は感受性を豊かにして、乳児の思いを常に受け止める努力をする必要があります。このようなかかわりを「応答的なかかわり」といいますが、こういった愛情豊かな応答的なかかわりが、乳児に対する保育者の基本であり、もっとも重要な姿勢であるといえるでしょう。

（2）乳児（0歳児）保育における「ねらい」および「内容」の展開

　まず、乳児（0歳児）保育における「ねらい」を確認してみましょう。保育指針の「第2章　保育の内容」「1　乳児保育に関わるねらい及び内容」「（2）ねらい及び内容」「イ　身近な人と気持ちが通じ合う」の部分を見てみましょう。「受容的・応答的な関わりの下で、何かを伝えようとする意欲や身近な大人との信頼関係を育て、人と関わる力の基盤を培う」と書かれています。さらに（ア）の「ねらい」には、「①安心できる関係の下で、身近な人と共に過ごす喜びを感じる」「②体の動きや表情、発声等により、保育士等と気持ちを通わせようとする」「③身近な人と親しみ、関わりを深め、愛情や信頼感が芽生える」と書かれています。

　「3つの視点」のうち、領域「言葉」につながる「身近な人と気持ちが通じ合う」について、実際の保育の中でどのように展開していけばよいか、事例から考えてみましょう。

> **事例1**　大好きな担当の保育者と安心した時間を過ごす（0歳児クラス）
>
> 　この園では、担当制保育を行っている。一日を通して子どもが安定して過ごせるように、できるだけ同じ保育者がかかわるようにしているのである。

このようなていねいなかかわりのもと、Ｆ乃ちゃん（８か月）と担当保育者の間では、しっかりとした愛着関係がつくられている。Ｆ乃ちゃんはこの担当保育者が大好きだ。いつも担当保育者の姿を目で追いかけたり、姿が見えなくなると不安そうな顔になって、泣き出したりする。保育者はＦ乃ちゃんが不安にならないよう、そばを離れるときには「ミルクを取りにいってくるね」などと言葉にして伝えて、行動がわかるようにしている。また、ゆったりとした気持ちとまなざしで接するようにしている。

食事や排泄の世話も、同じ保育者が行うようにしている。日課の流れや食事などの手順も一定にして、Ｆ乃ちゃんが見通しをもって安心して過ごせるようにしている。この安心感を土台にして、子どもの世界が広がっていくのだと保育者は考えている。

事例2

「かいぐり、かいぐり、とっとのめ」（0歳児クラス）

Ｇ介くん（１歳11か月）と保育者は、楽しそうにわらべうたをうたって気持ちを通わせている。

まだ言葉で気持ちを通わせることはむずかしいが、表情やしぐさで、楽しい気持ちを共有している。保育者と向かい合って、リズムに合わせて「かいぐり、かいぐり、とっとのめ」などと簡単なしぐさをまねしている。保育者にあやしてもらうことが多かった姿から、互いに笑顔を交わして共鳴し合うようになってきている。

事例１、事例２ともに、保育者と子どもとの間に言葉のやりとりはありません。しかし、気持ちのやりとりは十分にできています。どちらも、信頼できる大好きな保育者との温かい気持ちのやりとりです。この大好きな人と心地よい時間を積み重ねることが、やがて言葉の土台になるのだといえるでしょう。「この人に伝えたい」そういう気持ちが、言葉の出発点になるのです。

冒頭の保育指針の文言から確認した「安心できる関係の下で、身近な人と共に過ごす喜びを感じる」「体の動きや表情、発声等により、保育士等と気持ちを通わせようとする」「身近な人と親しみ、関わりを深め、愛情や信頼感が芽生える」という「ねらい」は、このような事例から具体的なところがわかるでしょう。

保育指針（イ）の「内容」の「①子どもからの働きかけを踏まえた、応答的な触れ合いや言葉がけによって、欲求が満たされ、安定感をもって過ごす」「②体の動きや表情、発声、喃語等を優しく受け止めてもらい、保育士等とのやり取りを楽しむ」「③生活や遊びの中で、自分の身近な人の存在に気付き、親しみの気持ちを表す」「④保育士等による語りかけや歌いかけ、発声や喃語等への応答を通じて、言葉の理解や発語の意欲が育つ」「⑤温かく、受容的な関わりを通じて、自分を肯定する気持ちが芽生える」ということについても、保育現場の実践とともに理解できたのではないでしょうか。このように常に、実践の具体例と「ねらい」や「内容」とを、結びつけて考えていくことが大切です。

2．1歳以上３歳未満児における領域「言葉」の展開

（1）1歳以上３歳未満児に対する保育者の基本的なかかわり

　1歳以上３歳未満児は、基本的な運動機能が整ってきて、行動範囲が広がり自分でできることも増えてきます。そして、全身を使って遊ぶことや手先を使って道具を扱うことなども楽しむようになり、遊びの幅も広がる時期です。また、象徴機能の発達もなされ、見立て遊びやつもり遊び、簡単なごっこ遊びをするようになります。

　しかし、自分のイメージしたようにできないことも多く、イライラしたりかんしゃくを起こしたりするなどの姿が見られることもあり、保育者が子どもの気持ちを受け止めて応答的に根気よくかかわることが大切な時期となります。

　領域「言葉」の展開を考えるときには、一人一人の子どもに対する保育者のていねいなかかわりを大切にしながら、子ども自らが興味・関心をもち安心して遊ぶことができ、時間や場所を保障してじっくりと遊べる環境をつくり、さまざまな感覚を使って人やものに十分にかかわる経験を積み重ねていくことが大切です。

（2）1歳以上３歳未満児の保育における「ねらい」の展開

　このような1歳以上３歳未満児の発達過程や様子を踏まえて、領域「言葉」について事例を通して考えてみましょう。

事例3

マンマがたくさん！（1歳児クラス）

　Ａ乃ちゃん（1歳6か月）は、1歳を過ぎたころから、うれしいこと、驚いたこと、発見したことなど、伝えたい思いを言葉で表す姿が見られる。

　今朝も、登園時に母親と離れたあと、玄関に向かう母親の背中を指さしながら、保育者に「マンマ、マンマ！」と伝える。保育者は「あ、ほんとだ。ママだね！　ママいってらっしゃーい！」と言って母親に向かって手を振ると、Ａ乃ちゃんもそれをまねして手を振る。それに気づいた母親もうれしそうに手を振り返す。それを見た保育者は「ママとバイバイできてよかったね！」と伝える。すると、Ａ乃ちゃんは満足そうに、保育室のお気に入りのおもちゃのほうに向かっていく。

　昼食の時間、午前中たっぷり遊んだＡ乃ちゃんに、保育者は「いっぱい遊んだねー、おなかすいたねー！」と言いながら、Ａ乃ちゃんの首にエプロンをつける。すると、Ａ乃ちゃんは、「マンマ、マンマ！」と言って、手をテーブルにバンバンと打ちつけた。保育者は、「おなかすいたねー。まっててねー」と答える。いよいよ、食事が目の前に用意されると、Ａ乃ちゃんは「マンマ！　マンマ！」とうれしそうな声をあげる。

保育者が「おいしそうだね。うれしいね」と言って、にっこりとＡ乃ちゃんと目を合わせると、Ａ乃ちゃんはよりいっそううれしそうな声で「マンマ！　マンマ！」と答える。

　生後9か月くらいになると、子どもは身近な信頼できる他者と、興味ある対象との間に三項関係（本書 p.69 参照）を成立させ、その対象に指さしをすることで、他者の注意をその対象に向けようとします。この行為は言葉の土台となる行為であり、大切なコミュニケーションの一つです。こうした過程を経て、子どもは1歳前後から一語文を話すようになります。

　Ａ乃ちゃんは、ちょうどこの時期にあたり、事例からも積極的に言葉を発してコミュニケーションを楽しんでいることがわかります。この事例では、Ａ乃ちゃんが「マンマ」と発している場面に着目しました。ここではＡ乃ちゃんがいう「マンマ」の意味することは2つあり、「母親（ママ）」と「食事（ごはん）」であることがわかると思います。どちらも、「マンマ、マンマ」と表現していますが、その意味を深く見つめてみると、Ａ乃ちゃんの思いはそれぞれ違っていることが読み取れます。朝の登園場面は「ママ行っちゃうよ！」と、保育者に名残惜しさを伝えようとしているのだと思いますし、食事場面の1回目では「ごはん、食べたい！　おなかすいた！」という要求を示しているのだと思います。そして食事場面の2回目では、食事が目の前に運ばれて「ごはんだ！　うれしい！」という喜びを表しているのだととらえられます。もしも、Ａ乃ちゃんが「マンマ、マンマ」と話すのを、すべて「ママ（またはごはん）見つけたよ！」という意味ととらえて、「そうだねー、ママいたね（または、ごはんだね）」と保育者が反応したとしたら、きっとＡ乃ちゃんは思いが伝わらないもどかしさを感じることでしょう。言葉を受け取った大人が、子どもの表情や声色、状況などを踏まえながら、ていねいにその意味を読み取ろうとすることで、意思疎通が成り立ちます。

　また、この事例では、Ａ乃ちゃんが言葉を発したときの周囲の大人の反応や行動にも注目すべきでしょう。朝の場面では、保育者は母親との別れを惜しむＡ乃ちゃんの気持ちをくみ取り、母親に手を振る機会を設けました。また母親は、それを受け止め笑顔で手を振り返しました。食事の場面でも、うれしそうに声をあげるＡ乃ちゃんの気持ちに共感し、保育者は同じように笑顔で顔を見合わせました。このようにして、子どもが思いを伝えられた実感を得られるためには、言葉を受け取る側の応答がとても重要になるのです。子どもは自分が言葉を発したことにより、その場の状況にうれしい変化があったのですから、もっと言葉を使って話したいと思うようになるでしょう。

（3）1歳以上3歳未満児の保育における「内容」の展開

　次に1歳以上3歳未満の「内容」にかかわる事例について確認していきましょう。

事例4　「ください！」「どうぞ！」（1歳児クラス）

　Ｒ太くん（1歳11か月）は電車が大好きな少し恥ずかしがりやの男児である。保育所にある

絵本の中でも、電車の写真が載った絵本がお気
に入りで、登園するといつもそれを開いて楽し
んでいる。ある日、Ｒ太くんが登園すると、い
つものお気に入りの絵本が見当たらない。周囲
を見渡すと、先に来ていたＫ介くん（２歳５か
月）が絵本を並べて遊んでおり、その中に電車
の絵本があるのを見つける。Ｒ太くんはＫ介く
んのところまで行って、電車の絵本を取ろうと
する。すると、Ｋ介くんは「だめー！」と言っ
て、絵本を引っ張り、Ｒ太くんはびっくりして泣き出してしまう。

　それを見ていた保育者は、「あらあら、電車の本ほしかったのね。びっくりしたね」とＲ太
くんに共感しながら２人の近くに座る。保育者は、「Ｋ介くん、Ｒ太くん電車の絵本が見たかっ
たんだって」Ｒ太くんの代弁をしながら、「すてきな絵本がたくさん並んでいるけど本屋さん
かしら？」と投げかける。すると、Ｋ介くんはうれしそうにうなずく。保育者が「本屋さん、

これください！」と電車の絵本とは別の絵本を指
さすと、Ｋ介くんは「どーぞ！」と言って保育者
にその絵本を手渡す。「ありがとう！」と言って保
育者がお辞儀をすると、Ｋ介くんも「はい！」と
言って誇らしげにお辞儀をする。今度はＲ太く
んに「Ｒ太くんもお客さんになってみる？　く
ーだーさい！　って」と保育者が促すと、Ｒ太く
んは小さくうなずき、「……さい！」と電車の本を指
さしながら小さくつぶやく。すると、Ｋ介くんは
「どーぞ！」と言って、電車の絵本をＲ太くんに
差し出し、にっこり笑う。

　電車の絵本をもらえた喜びに、Ｋ介くんとのやり
とりの楽しさが加わり、Ｒ太くんも笑顔になる。それを見た保育者は「わー、Ｒ太くんよ
かったねー！」とＲ太くんに共感しながら、ゆっくりと「ありがとう！」とＲ太くんの代弁
をするように、Ｋ介くんに向かってお辞儀をすると、Ｒ太くんもそれに合わせるように「……
あーと！」とはにかんでお辞儀をする。さらに保育者は「もう１冊ほしいなぁ、これもくー
だーさい！」とまた別の絵本を指さすと、Ｋ介くんはさらに張り切って「どーぞ！」と手渡す。
電車の絵本が見たかったはずのＲ太くんも、気づけば次々とほかの絵本を差し出し、「くださ
い！」「どうぞ！」のＫ介くんとのやりとりそのものを繰り返し楽しんでいる。

　　＜主に関連する１歳以上３歳未満児の「内容」＞（本書 p.22 参照）
　　　　③親しみをもって日常の挨拶に応じる。
　　　　⑤保育士等（保育教諭等）とごっこ遊びをする中で、言葉のやり取りを楽しむ。
　　　　⑥保育士等（保育教諭等）を仲立ちとして、生活や遊びの中で友達との言葉のやり取りを楽し
　　　　　む。

　この事例では、１歳児クラスの中での月齢の違う子ども同士のやりとりが見られます。
Ｒ太くんに比べ、Ｋ介くんは月齢が高く、ごっこ遊びの楽しさを知っていることを保育者
は把握していたのでしょう。もともとＫ介くんは本屋さんごっこをしようと思って絵本

を並べていたのではないかもしれませんが、保育者は２人がもめる姿を見ていて、ごっこ遊びの世界に誘うことで、楽しい気持ちで解決できるように導きました。

　この時期の子どもたちのものの取り合いは、コミュニケーションのはじまりとしての大切な瞬間です。このような子どもの姿を見たら、「勝手に取るんじゃなくて貸してって言うのよ」と教えることも考えられるかもしれません。しかし、この時期の子どもにとって必要な経験は、器用に意思疎通をすることではなく、言葉を通じて他者とつながる喜びを味わうことや、言葉で遊ぶことそのものを楽しむことです。

　今回の事例に登場するＲ太くんを見てみると、まだ言葉が多くないこと、また少し慎重派の子どもであることがわかります。保育者は、Ｒ太くんの言葉を引き出していきたいと考えるとともに、子ども同士のかかわりをもつことで、Ｒ太くんが安心して遊べるようになってほしいと願っていたのでしょう。びっくりして泣き出してしまったＲ太くんに対して、過剰に慰めるのではなく、朗らかにＫ介くんとの遊びを提案することで、Ｒ太くんの気持ちも切り替わり、ささやかながら楽しいごっこ遊びを楽しむことにつながりました。遊びの中で繰り広げられた「ください」「どうぞ」「ありがとう」のやりとりは、きっと子どもの中で楽しい経験として刻まれて、日常生活の中の必要な場面でも自ら使ってみるときがやってくるでしょう。

> **事例5**
>
> ### 他者とつながるおもしろさ「がおー！」（2歳児クラス）
>
> 　日曜日に家族でサファリパークに行ったＪ太くん（２歳８か月）。朝から興奮気味に保育者に楽しかった思い出を話す。「ライオンさん見た！」と話すＪ太くんに、保育者は「ライオンさん見たの？　ライオンさん大きかった？」と聞く。「うん！　ライオンさんがおーってした！」と言って、両手を頭の上で構えながら、ライオンのまねをする。「がおーって？　それはちょっとこわいなぁ」と保育者がおびえた表情を見せると、Ｊ太くんはおもしろがってもう１度「がおーっ！」と言って保育者の体にのしかかる。
>
>
>
> 　するとそんなやりとりを見ていたＫ也くん（２歳10か月）とＧ吾くん（２歳７か月）も「ライオンだぞー！　がおー！」「がおがおがおー！」と同じく保育者の体にのしかかる。保育者は「わー！　ライオンが３頭もいる！　こわいよ〜！」と頭を抱えるそぶりをする。３人は顔を見合わせてケラケラ笑い合い、今度は「恐竜！　がおー！」「おばけ！　がおー！」と口々に“こわいもの”をあげて保育者を驚かす遊びを続けた。
>
> 　＜主に関連する１歳以上３歳未満児の「内容」＞（本書 p.22 参照）
> 　　①保育士等（保育教諭等）の応答的な関わりや話しかけにより、自ら言葉を使おうとする。
> 　　⑤保育士等（保育教諭等）とごっこ遊びをする中で、言葉のやり取りを楽しむ。

2歳児くらいになると、過去のことを思い出して話したり、目の前にないものをイメージして表現したりするようになります。保育者はそのような子どもたちの話に耳を傾け、共感的に話を聞くことが大切です。

　この事例では、ライオンを見たと言うJ太くんに対し、保育者は「ライオンさん見たの？　ライオンさん大きかった？」と、子どもの言葉を繰り返したあとに、質問を投げかけています。J太くんは「うん！　ライオンさんがおーってした！」と、ライオンを見たこと、大きかったことに応答しつつ、ライオンがどのような様子だったかという新たな情報をつけ加えて答えています。J太くんは、保育者が自分の話をよく聞いて興味をもってくれたことにうれしさを感じて、もっと話したくなったのでしょう。

　そして、J太くんの話す内容を受けて、保育者は「ちょっとこわいなぁ」と感想を伝えています。J太くんは自分の発した「がおー！」によって、保育者が今までにない応答をしたことにおもしろさを感じ、さらに「がおー！」と言ってスキンシップを求めます。また、途中で仲間に加わったK也くんとG吾くんも、J太くんと保育者のやりとりをよく見ていて、同じ楽しさを共有しようとしています。ここでのJ太くんと保育者のやりとりのおもしろさは、J太くんの「がおー！」に対して保育者が怖がるということ、そしてこうしたやりとりをしながら触れ合い遊びに発展している点です。そして、K也くんとG吾くんの2人も「がおー！」と言うことで保育者が怖がることをわかって、J太くんのまねをしています。さらには、「恐竜」「おばけ」と、“こわいもの”を連想していくところにも、この子どもたちの言葉の発達が見てとれるでしょう。

　大好きな保育者と会話が弾み、スキンシップを求める子どもの姿からは、他者とつながることの喜びがあふれています。またそのような温かなかかわりは周囲の子どもにも広がり、多くの言葉を引き出すことにつながっています。

Column　「初期の語」の特徴は万国共通

　子どもがはじめて発する言葉は、国によって違うのでしょうか。答えは「どの言語であってもほぼ共通」だそうです。「初期の語」（first words）のカテゴリーとして多いのは、人、動物、食べ物、乗り物、体の一部、あいさつなどです。最初の50語を調べた結果では、「靴」「犬」などの事物名称がもっとも多く、平均40％を占めていますが、その個人差は大きく、事物名称が多い子ども、あいさつのような人とのかかわりについての語彙が多い子ども、どちらの語彙も同じ程度に多い子どもなどさまざまです。こうした違いは、子どもと親のかかわり方の違いを反映しているとも考えられており、初期の語は、非常に子どもの生活に密着していることがわかります[※]。

　子どものはじめての言葉を見つめてみることで、子どもの生活の中の関心事が見えてきます。周囲の大人が子どもが関心をもった言葉を広げていくことで、少しずつ子どもの見える世界も広がっていくことでしょう。

※）小林春美・佐々木正人編『新・子どもたちの言語獲得』大修館書店、2008、p.92

3. 3歳以上児における領域「言葉」の展開

（1）3歳以上児に対する保育者の基本的なかかわり

　この時期の子どもは、運動発達がなされて基本的な動作を獲得していき、体をより滑らかに動かして遊ぶようになったり、食事などの生活習慣も自立に向かっていきます。言葉を使ったコミュニケーションも盛んになり、「どうして？」「なんで？」といった知的な興味・関心も高まり、自ら確かめたり調べたり、試行錯誤しながら工夫を重ねていくなどの姿が見られるようになります。

　また、友達とのつながりも深まっていき、保育者よりも仲間と遊ぶことが楽しくなり、鬼ごっこやドッジボールなどの集団遊びを楽しんだり、集団で何かをつくり上げたりする協同的な活動が展開されるようになります。思いや考えの違いからいざこざを起こしたりすることもありますが、その経験を積み重ねていくことによって、友達の思いと自分の思いの折り合いをつけてお互いに楽しく遊べるようになります。

　保育者はこのような子どもの発達の特徴を踏まえ、一人一人の子どもの育ちを保障するとともに集団としての活動が充実したものになるように配慮しながらかかわっていくことが必要です。

（2）3歳以上児の保育における「ねらい」の展開

　このような3歳以上児の発達過程や様子を踏まえて、領域「言葉」について、事例を通して考えてみましょう。

事例6　「見て！　ぶどうの色になったよ！」（3歳児クラス）

　5月下旬、外遊びをするとじんわり汗をかく季節になる。保育者が水を張ったタライや小さめに切ったクレープ紙、カップなどの空き容器を準備すると、近くにいたA也くんが「先生なにしてるの？」と興味を示す。保育者は「この紙を水に入れたらどうなるかな、と思って……」と言いながら、水を入れたカップと青いクレープ紙をA也くんに渡す。A也くんは、ふいにクレープ紙を水に浮かべて「わぁ……、水が青くなった！」とうれしそうに声をあげる。まわりにいたB介くん、C美ちゃん、D子ちゃんも「僕もやりたい」「私も入れて」と次々に加わる。青以外にも赤や黄色のクレープ紙で色水をつくると「きれいだね」「もっとつくろう」「なんか、おいしそう」と思ったことを言葉にする。

　赤い色水をつくったD子ちゃんは「先生、見て」と保育者に言い「いちごジュースです、はいどうぞ」と差し出す。「あら、おいしそう」と保育者は飲むふりをして「とっても甘くておいしい」と感想を言う。D子ちゃんは満面の笑みを見せて「おかわりもってくるね」と再び色水をつくりはじめる。C

美ちゃんが青と赤のクレープ紙を一緒に入れると、紫色の色水ができる。「見て！　ぶどうの色になったよ！」とC美ちゃんが驚く。B介くんは「わー、ほんとだ」「僕もその色にしたい……、どうやったの？」と聞いて、C美ちゃんに「青と赤の紙を入れたんだよ」と教えてもらう。B介くんはそのとおりにすると「できた、ぶどうジュース！」とうれしそうに笑う。C美ちゃんとB介くんは、それを保育者にもっていき「先生、ぶどうジュースができたよ！」と伝える。「あら、ぶどうジュースもおいしそう」「どうやってこの色をつくったの？」と保育者から聞かれると、C美ちゃんもB介くんも興奮気味に「あのね、赤と青を混ぜたんだよ」と、先ほどの出来事を話す。保育者が「すごい、大発見だね」と驚くと、C美ちゃんとB介くんは顔を見合わせて喜ぶ。

　そのやりとりを見ていたA也くんやD子ちゃんも何色かの紙を混ぜて色水をつくりはじめる。赤と黄色の紙を一緒に入れて「今度はオレンジになった」「全部混ぜたら変な色になっちゃった」などの言葉が飛び交う。みんなの笑い声が響き合う中、しばらく色水遊びが続く。

　この事例では、はじめて色水遊びをした3歳児クラスの子どもたちの様子が紹介されています。色水は、絵の具や食紅、植物などを用いてもつくれますが、ここではクレープ紙を使っています。クレープ紙は伸縮性のあるしわのついた紙で、水に浸すと鮮やかな色がしっかりと出ますので、色水遊びに向いています。いつもと違う環境や材料があると、子どもたちは敏感に応答して遊びたいという気持ちが豊かになります。その気持ちが満たされるように、クレープ紙やカップなどの空き容器は十分な量を用意しておきましょう。

　3歳児になってくると、自分のしたい遊びを見つけて楽しんだり、友達がしている遊びに少しずつ目を向けていきます。いいなと思った遊びには「入れて」と言葉をかけて、同じ場で同じ遊びを楽しむ姿が見られるようになります。この事例でも、A也くんのしている色水遊びに興味を示して「僕もやりたい」「私も入れて」と加わっています。

　遊びや生活の中で、子どもたちはさまざまな発見をします。A也くんがつくった色水や、C美ちゃんとB介くんがつくった紫の色水は、子どもたちの発見です。「紙を入れたら色が変わるよ」「赤と青を混ぜると紫になるよ」と保育者に教えられるより、子どもが自ら考えたり気づいたりして発見することが大切です。その体験をすることによって「これがしたい」「もっとこうしたい」という遊びの意欲へとつながっていきます。

　子どもたちは、うれしい気持ちや楽しい気持ちを自分なりに言葉や身体で表現します。そして誰かに伝えたいと思うでしょう。子どもたちに必要な存在は、自分の思いを肯定的に聞いてくれる大人、すなわち保育者です。この事例の中でも「先生、見て」とうれしそうに伝えている場面がいくつかあります。「いちごジュースです、はいどうぞ」と言うD子ちゃんには「あら、おいしそう」「とっても甘くておいしい」と保育者が答えています。「ぶどうジュースができたよ」と伝えにきたC美ちゃんとB介くんには「どうやって

つくったの？」「すごい、大発見だね」などの言葉をかけています。子どもたちは、自分に関心を向けてくれる存在があることで、安心して遊びを続けられるのです。そして、聞いてほしい、伝えたいという気持ちが芽生えて、言葉は育まれていきます。

（3）３歳以上児の保育における「内容」の展開

では次に、３歳以上児の「ねらい」を踏まえた「内容」にかかわる事例について確認していきましょう。

事例7

「私もワンピースつくりたい」（４歳児クラス）

　７月上旬、登園してきたE乃ちゃんは身支度をおえると、保育者のそばで「昨日、お母さんにワンピースを買ってもらったの」とうれしそうに話をはじめる。「あら、素敵ね」と言う保育者に続き、まわりにいた子どもたちも「いいな〜」「どんな色？」と聞く。E乃ちゃんは「ピンクのお花がたくさんついてるの。えっとね……、ここにヒラヒラがついてて、このくらいの……」と言いかけたところで話が止まる。「ちょっと待ってて」と言って、紙とクレヨンでE乃ちゃんはワンピースの絵を描いて見せる。その絵を見た子どもたちは「かわいい」「私もピンクのワンピースもってるよ」などと感想を言う。

　そのやりとりを聞いた保育者は、本棚に視線を動かして「絵本のうさぎちゃんが着ているワンピースみたいね」とつぶやく。子どもたちから「え？　それ、どんな絵本なの？」「読んで読んで」とリクエストされる。保育者は本棚から絵本『わたしのワンピース』（西巻茅子作、こぐま社、1969）を取り出し、読み聞かせする。途中、ワンピースの模様が変わるたびに「わ〜」「え！」「すごい」などと子どもたちが声を出す。絵本がおわると「おもしろいワンピースだね」「かわいい」「こんなワンピースほしいね」とそれぞれ感想を言う。

　その場にいたF香ちゃんから「私たちもワンピースつくっちゃおうよ」と提案があり、数人が「いいよ、つくろう」と賛成し、製作コーナーでワンピースづくりがはじまる。保育者と一緒に、首と両腕が入るようにカラーポリ袋に穴を開ける。「私はハートにする」「私は虹色のワンピース」などと言い、画用紙やお花紙、ビニールテープなどで装飾する。その傍らには、先ほどの絵本『わたしのワンピース』が置いてあり、ときどき子どもたちがのぞいている。

　製作コーナーの近くで、Y菜ちゃんとB美ちゃんがカラーポリ袋を手にしながらたたずんでいる。気がついた保育者は「Y菜ちゃんとB美ちゃんも何かつくるのかな？」と聞く。Y菜ちゃんが「先生、私もワンピースつくりたいんだけど……」と困った表情を浮かべている。「そっか……、じゃあ、みんながどんなワンピースをつくっているか、見せてもらう？」と保育者が提案すると、近くにいたF香ちゃんが「Y菜ちゃんB美ちゃん見て〜、ハートだよ」とつくりかけのワンピースを見せにくる。Y菜ちゃんとB美ちゃんの表情が明るくなり、そのままF香ちゃんのとなりでワンピースをつくりはじめる。「お星さまの形はどうやって描くの？」「私もハートがいい」と言いながら、製作コーナーは賑わっている。

　できあがったワンピースをそれぞれが着ると、笑顔があふれて、見せ合いっこをしたり園庭

に出て走りまわったりして気持ちが弾む様子がある。ほかのクラスの子どもや保育者にも「かわいい」「似合うね」など言葉をかけられて、うれしそうにする。

　雨天の日には雨粒や傘の模様を装飾するなど、イメージを膨らませて遊ぶ姿があり、装飾を足したり外したりしながら絵本のように模様を変えて楽しんでいる。女児らの様子を見ていたＹ紀くんが保育者に「先生、僕もつくりたい……。だけどワンピースはいやなんだ」と伝えると、相談しながらＴシャツをつくる。女児のみならずクラス全体に遊びが広がり、ワンピースやＴシャツづくりは、しばらく続いていく。

<主に関連する3歳以上児の「内容」> (本書 p.22 参照)
　　（1）先生（保育士等、保育教諭等）や友達の言葉や話に興味や関心をもち、親しみをもって聞いたり、話したりする。
　　（2）したり、見たり、聞いたり、感じたり、考えたりなどしたことを自分なりに言葉で表現する。
　　（3）したいこと、してほしいことを言葉で表現したり、分からないことを尋ねたりする。
　　（9）絵本や物語などに親しみ、興味をもって聞き、想像をする楽しさを味わう。

　この園では、自由に折り紙や画用紙などを使えるように、製作コーナーを設けています。普段から、ハサミやテープを使ってベルトや髪飾りなどをつくり、楽しんでいる姿があります。それらを身につけて、ヒーローやプリンセスになりきったり、ファッションショーで遊んだりする様子も盛んです。自分たちでつくったもので遊ぶ経験を以前から積み重ねていたことで、今回はワンピースをつくりたいという意欲につながったようです。

　絵本の読み聞かせは、楽しさや驚き、ハラハラ、ワクワクなど、子どもたちにさまざまな感情をもたせてくれます。絵と言葉に同時に触れることで、絵本の世界に入り込んでいる感覚になるようです。ですから読み聞かせがおわっても、そのイメージのままでいたいと思い、遊びが展開されるのではないでしょうか。

　ワンピースをつくる過程には、イメージを形にする力が必要です。「こうしたいけど、うまくできないな」などと試行錯誤する姿もあるでしょう。そうした工夫や模索が、子どもの考える力を引き出します。このような言葉に触れる遊びや生活経験を通して言葉が育まれると、自分の考えや気持ちを整理して言語化するなど、言葉の数や言葉の理解が考える力の土台となります。また、自分の考えだけではなく、友達のアイディアを聞いて「それいいね」と賛成したり、工夫を見て「一緒のものをつくりたい」と、それらを取り入れる姿も見られます。模倣やあこがれから遊びの幅が広がることもありますし、友達と一緒がうれしいという気持ちは大切に育んでほしいです。

　Ｙ菜ちゃんとＢ美ちゃんのように、仲間に入りたいという気持ちがあるものの、言葉や行動に移せない子どももいるでしょう。保育者はタイミングを見計らって、どの子どもも心地よく遊びはじめられるようなきっかけをつくります。この事例ではＦ香ちゃんが気づいて話しかけてくれましたが、遊びに没頭しているときは、このような例ばかりではあ

りません。自分から話しかけられない子どもには、まず保育者と一緒に「入れて」「遊ぼう」と言ってみたり「○○ちゃんが一緒に遊びたいって……」と相手に橋渡しをすることがあります。そのような経験を繰り返すと、徐々に自らきっかけを見つけて、自信をもって友達に話しかけられるようにもなっていきます。

この事例は「ワンピースを買ってもらった」と言うE乃ちゃん自身の経験を、保育者や友達に伝えたことがきっかけになっています。言葉では伝えきれない思いは、絵に描いて表現しています。自分で考えた言葉や方法で一生懸命伝えたことに相手が応答して、うなずいたり感想を言ったりする姿を見ると、うれしくなります。それは、相手に伝わっていることが実感できるからです。周囲の気持ちや思いに気づく機会となって、もっと伝えたい、相手の話を聞いてみたいという気持ちにつながっていくでしょう。

事例8
「ねえ、しりとりやろうよ」（5歳児クラス）

　秋の風が気持ちよく吹く9月下旬、5歳児クラスの子どもたちが園バスに乗って遠足に向かっている。その車中でのこと、M太くんがS男くんに「しりとりやろうよ」と誘う。「いいよ、じゃあ、僕からね。えんそくの『く』」「えっと……、くつ」「つみき」「き……、き……、きつね」とやりとりが続いていると、横からK代ちゃんとU子ちゃんが「私たちも入れて」と加わる。「ねずみ」「みみ」「また『み』？　みかん……、じゃなくて、みみず」とS男くんが言う。K代ちゃんが「『ず』……？　ズ……、ズッキーニ！」と言うと、後ろに座っていたT斗くんが「なんだよ、それ！」と笑う。K代ちゃんは少し怒ったように「知らないの？　ズッキーニって野菜があるのよ」と言うと、T斗くんは「あ……、ごめん、僕、知らなかったから」と手を合わせて謝るポーズをとる。

　M太くんが「じゃあ、次はズッキーニの『に』だね。に……、に……、にんじん……はダメだから……、えっと……」と迷っていると、近くに座っていたQ吾くんが窓ガラスに描かれた虹を指さして「ほら、M太くん、あれがあるよ、あれ」とヒントを伝える。M太くんは「あ、虹だ！　虹！」とうれしそうにする。U子ちゃんが「『じ』？　じ……、じしゃく」と答える。

「くすり」「りんご」「ゴリラ」「ラッパ」「パンツ」としばらく続き、S男くんの順番になる。「つ……、つみき」と言うと、M太くんから「それ、さっきも言ったよ」と告げられる。「え～、1回言ったらダメなの？」と聞くS男くんに「うん、1回だけにしようよ」とM太くんが提案する。「オッケー。じゃあ、そうしよう。みんなもいい？」とS男くんは他児らがうなずいたことを確認すると、再びしりとりをはじめる。「つ……、つ……、つき」「きのこ」「コウモリ」「りす」「すずめ」「めだか」「かい」「いんこ」「コート」と続く。

U子ちゃんが「と……、と……、トウコロモシ」と言うと、K代ちゃんが「U子ちゃん、ト
ウモロコシのこと？　ト、ウ、モ、ロ、コ、シ」とゆっくり言いながら確認する。U子ちゃん
は小さな声で「うん……」とうなずく。その後、M太くんに順番がまわってきて「ぷ」のつく
言葉を促される。M太くんが「プリン！」と言うと、まわりの子どもたちから「あー、M太く
ん『ん』がついたー」と指摘される。M太くんが「『ぷ』……？　むずかしいよ～。え～ん、僕
パス！」と言いながら泣きまねをすると、みんなが一斉に笑い出す。

<主に関連する3歳以上児の「内容」>（本書 p.22 参照）
　　（4）人の話を注意して聞き、相手に分かるように話す。
　　（7）生活の中で言葉の楽しさや美しさに気付く。
　　（8）いろいろな体験を通じてイメージや言葉を豊かにする。

　この事例の子どもたちは、クラスで「同じ言葉からはじまる仲間集め」を存分に楽し
んだ経緯があります。たとえば「こ」からはじまる言葉を集める場合は「コアラ」「コー
ヒー」「コップ」「ココア」「ことり」「こい」など、子どもが思いついた言葉や絵を紙に書
いて掲示します。帰宅してから家族と考えてくる子どももいて、みんなでおもしろがって
取り組みました。友達が集めた言葉を聞いて、遊びながら少しずつ語彙を増やすことにも
つながり、その経験から言葉のおもしろさに気づいて、しりとりにも興味がわいたようで
す。

　しりとりは、道具を必要とせず、いつでもどこでも楽しめますので、この事例のように
園バスの中でもすぐに遊びはじめられます。相手がどんな言葉を発するかワクワクしなが
ら待ったり、それに続く言葉を思い出して答えられたりしたときには、うれしくなりま
す。しりとりで遊びはじめた当初は、保育者から「りんごだから、次は『ご』からはじま
る言葉だね」などの、わかりやすいフォローを必要としていましたが、何度か繰り返して
遊ぶと、子どもたちは保育者を介さなくてもしりとりが続くようになっていきます。

　「ズッキーニ」と言う言葉が出てきた場面では、T斗くんとK代ちゃんは少し言い争い
に発展しそうでしたが、お互いの思いを言葉にすることは悪いことではありません。T斗
くんも素直に「ごめん、僕、知らなかったから」と謝り、しりとりはそのまま続きます。
また「トウモロコシ」の言い間違えがありました。言葉は生活に密着しているものです。
園以外での体験は各家庭の環境が異なりますので、知っている言葉とまだ出会っていない
言葉があったり、認識の違いがあったりするのは当たり前です。だからこそ、新しい言葉
を知るおもしろみや、言葉が豊かになる経験をたくさん味わえるようにしていきたいもの
です。

　「に」からはじまる言葉が思いつかないM太くんに、Q吾くんはヒントを出しました。
思いついたQ吾くんがそのまま答えてしまうことも想像できますが、M太くんから答えが
出るまで待っています。きっと今までは保育者がその役割を担っていたのでしょう。以
前、Q吾くん自身もしりとりをしているときに、ヒントをもらった経験があるのかもしれ
ません。友達の気持ちを考えた思いやりのある言動だといえるでしょう。

　しりとりの一般的なルールは、言葉の最後に「ん」がついたらおわってしまいます。子

どもたちは「みかん」や「にんじん」などと思わず発してしまいますが、自分で気づいて慌てて言い直す姿が見られました。また、同じ言葉を使わないというルールもあります。M太くんが「1回だけにしようよ」と提案をして、S男くんが「オッケー。じゃあ、そうしよう」と受け入れる場面がありました。ほかにも、さまざまなルールを設けることができます。たとえば「3文字しりとり」の場合は「からす」「すいか」「かもめ」……のように、3文字の言葉に限定します。「食べ物しりとり」は「とまと」「とうもろこし」「しらす」「すし」……のように、食べ物だけに限定するルールです。子どもたちがルールをつくっていく過程では、自分中心の考えを押しつけてしまったり、相手の意見を聞き入れないなどの理由で、トラブルになるケースがしばしばです。他者の気持ちに気づいて折り合いをつけることはなかなか簡単にいきませんが、そういった経験も人とのかかわり方や言葉でのやりとりを学ぶチャンスですので、話し合いの場を設けたり、保育者を介しながらルールづくりに取り組んでみましょう。

文頭で紹介した「同じ言葉からはじまる仲間集め」や事例のような「しりとり」などの言葉遊びは、音韻意識が高まるといわれています。たとえば「ぶどう」は「ぶ」「ど」「う」の3つの音に分解できて、最初と最後の言葉がわかるようになります。音韻が意識できると、音と文字が対応していることに気づいて、文字に対する興味・関心につながっていくのです。一方、音韻意識が育っていないと発音が不明瞭だったり、言葉遊びが苦手です。「ぶ」「ど」「う」と言いながら手を3回叩くなど、音韻を意識できるような遊びを取り入れてみましょう。

Column　乳幼児期特有の言葉と吃音

言葉の発達には個人差があり、その段階では乳幼児期特有の言葉が聞かれます。「アー」「ウー」などの喃語、「とうもろこし→とうころもし」「がんばれ→ばんがれ」などの言い違いや、「いしかわ先生→いちから先生」「よしみちゃん→みよしちゃん」など、保育者や友達の名前を言い違える子どもがいます。これらは、音声器官の未発達や言葉の未学習から現れる言葉ですが、一生懸命に伝えようとする姿は、とてもほほえましいものです。このようなとき、聞き手は「違うよ」と間違いを指摘するのではなく、会話の中でさりげなく正しい言葉を伝えていきましょう。

また、「あーあーあのね」「ぼ、ぼ、ぼ、ぼく」などの吃音になる子どももいます。吃音には、音の繰り返し（連発）、音の引き伸ばし（伸発）、音のつまり（難発）があります[※]。どのような場合でも、聞き手は子どもが話しおわるのをじっと待つことが大切です。「ゆっくり」「落ち着いて」などの過度のアドバイスは、プレッシャーになりますので避けましょう。子どもが話しおわったときに「そうだね。～○○だね～」と返すことで、伝わったんだという自信につながっていきます。

子どもたちは、話したい、伝えたいという思いがあふれていますので、何よりもその思いを感受する保育者であってほしいです。また、子ども本人が望めば、他児らの前で発表や報告する機会を設けるなど、子どもの可能性を広げる経験を促していきましょう。

[※]　American Psychiatric Association 編、日本精神神経学会日本語版用語監訳、髙橋三郎、大野裕監修、染矢俊幸、神庭重信、尾崎紀夫、三村將、村井俊哉訳『DSM-5 精神疾患の分類と診断の手引』医学書院、2014、p.24

第4章 保育の過程について学ぼう

1. 保育の営み

　「保育」という言葉は、就学前の乳幼児の育ちを支えるための営みとして使われている言葉です。この言葉が公的に使われたのは1879（明治12）年、文部省（当時）布達が最初であるといわれています。「学校教育法」第22条に示されている幼稚園の目的においても「幼稚園は、……幼児を保育し……」と、「保育」という言葉が使われています。「学校教育」といわれる中においても、就学前の教育は、「保育」であるということが示されているのです。

　「保育」という言葉は、「保護」と「育成」とが一体となった言葉であるといわれています。「保護」という意味は、「危険・損害・迫害等が及ばないように、弱い者をかばい守ること（明鏡国語辞典）」「気をつけてまもること。かばうこと。ほうご。（広辞苑）」とありますが、ただ幼い子どもを危険から守るという意味で使われているのではないと考えます。乳幼児という人間としてのスタートの時期には、その時期のふさわしい養育者とのかかわりや経験等が必要であり、こうした子どもの育ちに即した営みを積極的に保障していく＝保護、というニュアンスも含まれています。

　乳幼児期は、大人が何かを一方向的に教えていくことよりも、子ども自身の興味・関心に即して子どもが自分から学ぶことが重視されています。その理由は、子どもの学びたい、育ちたいという意欲を大切にしていくことが、この時期においてはもっとも効果的な土台になるからです。みなさんもいやいや学んだことは試験等がおわれば忘れてしまいがちですが、おもしろい、楽しいと思えばもっと学びたいと思えるはずです。特に乳幼児期は、発達の特性からも興味・関心に基づいた学びが必要なのです。そのため、教育要領や保育指針、教育・保育要領でも「遊びを通した総合的な指導（保育）」がうたわれています。さらに、乳幼児期は個人差が大きいために、子ども一人一人に合わせた発達の方向性を見据えていくことも重視されています（一人一人の発達課題に即した指導等）。こうしたことを基本にし、生涯にわたる人間形成の基礎を育むことが保育の営みです。

２．原点としての「子ども」

（1）保育の中心である子ども理解

　その意味でも、保育は目の前にいる一人一人の子どもを理解することからはじまります。その子どもが何に興味があり何を知りたがっているのか、どのような方向に育ちたいと思っているのか等がわからなければ、保育者はどのような援助をしたらよいかが決められないからです。目の前にいる子どもの遊びや生活する姿から、可能な限りその子どものことを理解していきます。そして、そこから具体的な保育の方向性（ねらい）を見出し、保育内容や方法を考えていくことになります。

（2）具体的な子ども理解 ── 鳥瞰的見方と近視眼的見方

　保育者はどのようにして一人一人の子どもを理解しているのでしょうか。まず、子どもの見方として、大きく分けると２つあります。鳥瞰的な見方と近視眼的な見方です。保育者と子どもの配置基準においては、保育者一人が複数の子どもを見るということが当たり前になっています。もっともていねいなかかわりが必要な０歳児でさえ保育者一人に対し子どもは３人という基準であり、満３歳以上の幼児になると20人以上の子どもになっています（2023（令和５）年４月現在）。

　子どもは各々自分の興味・関心のあるところで、遊ぶことになりますので、保育者は同じ場所で子ども一人だけをずっと見ているわけにはいきません。そのため、ときに保育者は鳥瞰的な見方で子ども全体の姿をとらえることを行います。誰が誰とどこで何をしているのかという、ある意味、表面的なレベルで子どもの姿をとらえます。しかし、この見方だけでは実際に一人一人の子どもが何をしているのか、何をどう楽しんでいるのか、どんな思いでいるのか等、深い意味での子ども理解を行うことはできません。そのために、子どもとの距離を縮めて、ときに子どもとじっくりかかわったり、一緒に遊んだりしながら近視眼的な見方で子ども理解を行います。さらに、保育者は自分がとらえた子どもの姿を日々の保育記録に残します。記録を書くことによって、また、読み返すことによって、子ども理解は深まるからです。

> **Column** 子ども理解を深める保育記録
>
> 　保育記録にはさまざまな種類があり、また、その形式も多様です。保育者自身が意味のある記録として残しやすいようなスタイルを考えていくことが重要です。
>
> ● 保育マップ型記録
> 　保育マップ型記録とは、保育環境を図にした様式に、子どもが取り組んでいる遊びをマッピングして、それぞれの遊びの実態を記述する方法です。同時に起こっている遊びの様子を空間的に把握することができるとともに、それぞれ遊びの方向をできる限り連続してとらえることができます。河邊は、

医療における患者中心の記録である SOAP（Subjective Data, Objective Data, Assessment, Plan）を援用した保育記録を提案しています。[※]

● ドキュメンテーション

　もともとドキュメンテーションは記録という意味ですが、主には写真と言葉で保育を可視化し、それをもとに対話をするためにつくられたものを示しています。レッジョ・エミリア市の保育実践の中で子どもの学修と探求のプロセスを描くドキュメンテーションが紹介され、日本でも普及していきました。

● ラーニングストーリー

　ニュージーランドで実践されている形成的評価のアプローチであり、子どもたちが何をどのように学んでいるのかを物語のように記録します。その記録を個人別にファイルに残していき、その子どものポートフォリオ（学びの軌跡）にしていきます。

[※]）河邉貴子『保育記録の機能と役割』聖公会出版、2013

3．保育の過程

　保育者は一人一人の子どものことをできる限り理解して、そこから、具体的な保育を計画し、実践を行います。しかし、それでも実際の保育においては、子どもの興味や関心が保育者の考えたものとずれてしまったり、計画した方向にはいかなかったりする場合等がよくあります。それにはいくつかの理由が考えられます。まずは、一人の人間である子どものことをいくら専門職であっても保育者が完璧に理解することは困難であること、また、先ほど述べたように保育者は一度に複数の子どもを担当しているため実際の援助や指導においては、タイミング等がずれてしまうこともあること、環境設定が十分に整っていなかったりすること、その日に偶然に起こったことによって保育の方向が変わることなどがあるからです。そのため、保育者は必ず自分の保育実践を振り返り、評価を行います。そして、これが次の保育を計画・実践するための土台になります。こうした一連の保育の流れを「保育の過程」や「保育のPDCA サイクル」といいます（図表 4-1 参照）。

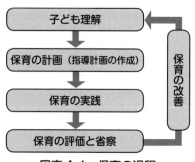

図表 4-1　保育の過程

柴崎正行編『改訂版　保育内容の基礎と演習』わかば社、2018、p.16

4．保育における計画

（1）保育計画の意義

　ここで、保育の計画に関する基本的なことを押さえておくことにします。
先ほど、保育は計画通りに進まないことはよくあると記しましたが、それにもかかわらず、計画を作成するというのはどのような理由があるのでしょうか。

施設	幼稚園（学校教育法）	保育所（児童福祉法）	幼保連携型認定こども園（※認定こども園法）
各施設の目的	第22条 　幼稚園は、義務教育及びその後の教育の基礎を培うものとして、幼児を保育し、幼児の健やかな成長のために適当な環境を与えて、その心身の発達を助長することを目的とする。	第39条 保育所は、保育を必要とする乳児・幼児を日々保護者の下から通わせて保育を行うことを目的とする施設（利用定員が20人以上であるものに限り、幼保連携型認定こども園を除く。）とする。	第2条　7 この法律において「幼保連携型認定こども園」とは、義務教育及びその後の教育の基礎を培うものとしての満3歳以上の子どもに対する教育並びに保育を必要とする子どもに対する保育を一体的に行い、これらの子どもの健やかな成長が図られるよう適当な環境を与えて、その心身の発達を助長するとともに、保護者に対する子育て支援を行うことを目的として、この法律の定めるところにより設置される施設をいう。

※認定こども園法：正式には「就学前の子どもに関する教育、保育等の総合的な提供の推進に関する法律」

図表 4-2　各保育施設の目的

　保育施設である幼稚園、保育所、認定こども園、施設等で行われる保育は、公的なものです。そのために、それらがどのような目的で行われているのかということは、法律の中に明記されています（図表4-2参照）。

　さらには各保育施設の目的を達成するためには、それぞれに目標が定められています（幼稚園：「学校教育法」第23条、保育所：保育指針　第1章1（2）保育の目標、認定こども園：「認定こども園法」第9条）。

　保育は子どもの興味や関心を中心に展開されますが、その目的や目標は公的に定められているのです。この目的や目標を実現するためには、行き当たりばったりや偶然性に頼って保育を行うことはできません。その意味でも、保育者が計画性をもち保育を進めることが必要になります。

　さらに、子どもの興味・関心には、個々の子どもだけに限られるものよりも、その時期の子どもにとって共通なものが多くあります。たとえば、手や指、手首などの運動が上手にできるようになった子どもは、ものをつかんだり、握ったり、ちぎったり等の運動能力が使えることがおもしろく楽しくなっています。そうした子どもたちの気持ちに即した遊びができることで、運動能力も伸び、満足感が得られます。加えて、子どもたちの興味・関心を踏まえた上で、保育者がその時期の子どもに経験してほしいことを環境の中に用意することが、重要な保育の営みです。そのためにも計画性があることが不可欠なのです。

（2）保育における計画の種類と役割

　保育における計画といわれるものには、大きく分けて3つあります。「全体的な計画」「教育課程」「指導計画」といわれるものです。

　「全体的な計画」とは、保育の全体を包括的に示した計画です。幼稚園においては、次に解説する「教育課程」を中心に据えながら「教育課程修了後等に行われる教育活動における計画」「学校保健計画」「学校安全計画」等のその他の計画と関連づけながら作成されます。

保育指針　第1章3（1）では「保育所は、1の（2）に示した保育の目標を達成するために、各保育所の保育の方針や目標に基づき、子どもの発達過程を踏まえて、保育の内容が組織的・計画的に構成され、保育所の生活の全体を通して、総合的に展開されるよう、全体的な計画を作成しなければならない」と記されています。

　教育・保育要領　第1章　第2節では、「各幼保連携型認定こども園においては、教育基本法、児童福祉法及び認定こども園法その他の法令並びにこの幼保連携型認定こども園教育・保育要領の示すところに従い、教育と保育を一体的に提供するため、創意工夫を生かし、園児の心身の発達と幼保連携型認定こども園、家庭及び地域の実態に即応した適切な教育及び保育の内容並びに子育ての支援等に関する全体的な計画を作成するものとする。教育及び保育の内容並びに子育ての支援等に関する全体的な計画とは、教育と保育を一体的に捉え、園児の入園から修了までの在園期間の全体にわたり、幼保連携型認定こども園の目標に向かってどのような過程をたどって教育及び保育を進めていくかを明らかにするものであり、子育ての支援と有機的に連携し、園児の園生活全体を捉え、作成する計画である」と述べられています。いずれにしても、各保育施設で作成されるすべての計画と関連づけながら作成されている保育全体の計画であり、全職員の協力のもと、園長や施設長の責任のもとで作成します。

　「教育課程」とは、幼稚園における一日4時間を標準とする教育時間について、入園から修了までを見通して作成された計画です。教育課程は、全体的な計画と同じく園長の責任および全教職員の協力のもとで編成するものです。

　「指導計画」とは「全体的な計画」や「教育課程」を土台に作成される具体的な計画です。具体的な計画であるため、学年、クラス、グループ、一人一人の子ども等を単位にして作成されます。指導計画には、年、期、月などの長期的な指導計画と、週、日などの短期的な計画があり、期間の単位が小さくなるほど具体的な計画になります。長期的な計画は、全職員の協力のもとで作成されますが、短期的な計画は、担任、担当等が作成します。しかし、指導計画は公的なものであり、必ず園長や施設長の確認を得ることが必要です。保育の現場では週と日を組み合わせたスタイルの「週日案」と呼ばれる指導計画を作成しているところも多くありますが、特に決められた様式があるわけではないため、様式や形式を園ごとに工夫をすることが可能です。従来は、後述する図表4-4（本書 p.44 参照）のような表形式の指導計画や、図表4-5（本書 p.45 参照）の日案のような時系列型の指導計画が一般的でしたが、近年ではマップ型、ウェブ型（本書 p.121 参照）の指導計画なども活用されています。

5．指導計画の作成

（1）指導計画作成の手順

　指導計画を作成する際の土台となることは大きく2つあります。先述したように、まず大切になるのは、子どもの実態に対する理解です。ただし、計画は実践の前に立案されるものであり、日案や週案のように近い未来での指導に関する指導計画であれば目の前にいる子どもの実態をていねいに理解するだけで立案が可能ですが、年、期などの長期の指導計画のように、かなり先の未来までを見通して立案する場合は今の子どもを見るだけではわからないことも多いため、過去の子どもの姿などの情報や資料を参考にする必要があります。各時期における子どもの遊びや生活、加えて行事等の際の子どもの取り組みなどを参考にしたり振り返ったりする中で、目の前にいる子どもたちが育っていく姿を予想しながら子ども理解を深めていきます。

　次に重要なのが、関連法令や教育要領、保育指針、教育・保育要領等に記されている目的・目標・ねらいおよび育みたい資質・能力等を踏まえた上での保育者自身の子どもの育ちに対する願いや思いです。人と人との間で織りなされる営みである保育は、保育者自身に願いや思いがなければ成立することはむずかしいと思います。どのような願いや思いをもって子どもとかかわっていくのかというような保育者の子ども観、保育観等が大きく影響します。

　この2つの土台を踏まえ、指導計画が作成されます。先ほども述べたように指導計画のスタイルはさまざまですが、共通して記されている事項として、「子どもの実態」「ねらい」「内容」「環境構成」「予想される子どもの姿」「保育者の指導・援助」等があります。

　手順としては図表4-3を参照してください。

教育課程・全体的な計画	長期の指導計画	短期の指導計画
	※教育課程や全体的な計画に沿って園生活を長期的に見直す ※保育者全員が話し合って作成する ・その時期の発達や園生活の流れなどを見通す ・保育者の思いや願いを含ませる ↓ ・具体的なねらいや内容を設定する ↓ ・具体的なねらいや内容、季節や行事などを踏まえた環境の構成を想定する ↓ ・その時期の環境にかかわって活動する子どもの姿の予想に基づき、保育者の援助を想定する	※長期の指導計画を基に、実際の子どもの姿に着目して具体的に作成する ※担任保育者が中心となって作成する ・前週、前日の子どもの生活する姿から発達をとらえる ・保育者の思いや願いを含ませる ↓ ・具体的なねらいや内容を設定する ↓ ・具体的なねらいや内容、子どもの興味・関心などを踏まえて環境の構成を想定する ↓ ・その週や日の環境にかかわって活動する子どもの姿の予想に基づき、保育者の具体的な援助を想定する

図表4-3　指導計画の作成の手順

清水将之・相樂真樹子編『実践例から学ぶ 保育内容 領域 健康 指導法』わかば社、2021、p.47

（2）指導計画の実際

　図表 4-4 は、週日案（週間指導計画と一日の指導計画を合わせたもの）、次頁の図表 4-5 は、その週の金曜日の時系列形式の一日の指導計画です。

○○年 11 月 第 2 週　5 歳児クラス　はと組　20 名（男児 10 名、女児 10 名）　担任保育者：早川わかば

【子どもの姿】 　天気がよい日には戸外で鬼遊び、運動会で行ったリレーやダンスを楽しむ姿が続いている。室内ではごっこ遊びの中で役になりきった会話を楽しんだり、廃材を利用して遊びに必要なものを自分たちで工夫してつくっている。来週の遠足を楽しみにする姿から、お弁当づくり、お弁当の注文を聞いてそれを届けたりする遊びもはじまっている。	【行事や活動】 　身体測定、散歩（来週の遠足に向けての準備を含む） 【準備するもの】 　廃材、季節に合わせた絵本、リレー用バトン、CD デッキ

【今週のねらい】 ・季節の移り変わりを楽しみながら健康に気をつけて過ごす。 ・友達とかかわる中でイメージや考えを広げ、工夫して遊ぶことを楽しむ。 ・ごっこ遊び等を楽しむ中で、言葉への感覚を豊かにする。	【内容】 　季節の変化を感じながら、衣服の調節、手洗い等を自分から行う。自分の考えやイメージをわかりやすく友達に伝える。友達の考えをよく聞き、いろいろな考えがあることに気づきながら、工夫して遊ぶ。ごっこ遊びの中でさまざまな言葉ややりとりを楽しむ。身近な材料を使って遊びに必要なものをつくる。季節の絵本や歌を楽しむ。

4 日（月）	5 日（火）	6 日（水） 身体測定	7 日（木） ○○公園散歩	8 日（金）
ねらい・内容 ○友達と好きな遊びを楽しむ。 戸外：鬼ごっこ、リレー、チアダンス等 室内：美容院ごっこ、お弁当屋さん、探検ごっこ ○気温に合わせて衣服の調整を行う。 ○絵本や歌を楽しむ 絵本『もりのかくれんぼう』、歌「きのこ」 保育者の援助・配慮 　先週、お弁当づくりから注文を取る、配達する等の動きがはじまったので、その続きの展開を支えたい（必要な材料の提供、保育者もお客さんとして参加等）。一人一人のイメージや工夫が、友達に伝わるように支えていく。戸外遊びでは、安全に気をつけながら子ども同士でいざこざなども解決できるように見守っていきたい。	ねらい・内容 ・身近な材料を使って、遊びに必要なものを工夫してつくる。 ・ごっこ遊びの中で友達や保育者とやりとりしながら自分の考えやイメージをわかりやすく伝える。 保育者の援助・配慮 　子どもたちが考えたことを実現できるように、廃材や必要な材料を十分に用意しておく。イメージの共有がむずかしい場面では、結論を急がせるのではなく、一人一人の子どもが自分の考えを相手にきちんと伝えられることを大事にしていきたい。	ねらい・内容 ・身近な材料を使って、遊びに必要なものをつくる。 ・友達の考えをよく聞きながら、ともに遊びをつくり上げる楽しさを味わう。 ・身体測定を受け、自分の体の成長に関心をもつ。 保育者の援助・配慮 　身体測定は、登園してきた子どもたちから順次行い、成長したことが喜びとなるようにする。 　自分の考えを伝えるだけでなく、友達の考えやイメージにも気づき、一緒に遊ぶことのおもしろさが感じられるようにしたい。	ねらい・内容 ・友達と一緒に考えたり、相談しながら、好きな遊びを楽しむ。 ○散歩を通して、自然に親しむとともに園外での行動の仕方を確認する。 ・季節の移り変わり、落ち葉等秋の自然物に心を動かし散歩を楽しむ。 ・横断歩道、信号等の待ち方、渡り方等、安全のためのルールを自ら身につけようとする。 保育者の援助・配慮 　園外では連携を密にし、安全に十分に気をつける。子どもが感じたり気づいたりしたことを受け止め、自然の移り変わり等への関心がさらに高まるようにし、保育者もともに自然や季節を楽しむ（園外保育の実施計画は別紙）。	ねらい・内容 ・友達と考えたり工夫したりしながら、遊びに必要なものを自分たちで整え、より楽しく遊ぶための工夫を行う。 ○五感を通じて感じたり、図鑑などで調べたりしながら、自然物に興味や関心をもつ。 ・公園で集めた自然物で遊ぶ。 ・図鑑や ICT を活用して調べたりする楽しさを味わう。 保育者の援助・配慮 　続いている遊びの展開、かかわっているメンバー等を確認しながら、一人一人の子どもの興味や関心をしっかりととらえておくようにする。散歩で集めてきた落ち葉や木の実などを、子どもたちが自由に手に取って遊べるようにしておく。その影響で新しい遊びがはじまる可能性も考えられるので、子どもの姿をとらえておく。

図表 4-4　5 歳児クラスの週日案例

【子どもの姿】には、園生活の中でとらえたクラスの状況や子どもの発達や興味・関心を整理しまとめます。

【ねらい】には、子どもの姿から、子どもにどのような経験をしてほしいか、どのように育ってほしいかを示します。

【内容】には、【ねらい】を達成するための、子どもが経験する内容を具体的に示します。

「時間」には、予想される時間配分を示します。

必要に応じて、保育環境がわかるよう環境構成図を示します。

「保育者の援助と留意点」には、子どもの姿から、必要な援助とその留意点を具体的に考え示します。

○○年11月8日（金）　はと組（5歳児）　20名（男児10名、女児10名）　担任保育者　早川わかば・加山美里

【子どもの姿】	【ねらい】
昨日の散歩で落ち葉や木の実などを拾ったり、落ち葉の上を歩く心地よさなどを感じて楽しんだ。今日はその経験を活かした遊びが生まれる可能性がある。ごっこ遊びも、参加する子どもたちがある程度決まってきており、相談しながら進めている。遊びをもっとおもしろくするための工夫がみられると思われるので子ども同士の話し合いを大事にしながら援助を考えていきたい。	・友達と相談しながら好きな遊びを楽しむ。 ・五感を通じて感じたり、図鑑などで調べたりして秋の自然物に興味・関心をもつ。 【内容】 ・遊びに必要なものを自分たちで工夫してつくる。 ・自分の考えを伝えたり友達の考えをよく聞き、相談しながら楽しく遊びを進める。 ・匂い、感触、形、色等に関心をもちながら、自然物を調べたり遊んだりする。

時間	環境構成	子どもの姿	保育者の援助と留意点
9:00	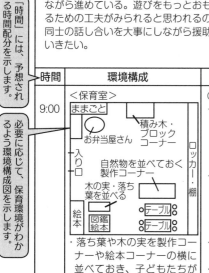 ・落ち葉や木の実を製作コーナーや絵本コーナーの横に並べておき、子どもたちが昨日の経験を思い出せるようにする。	○好きな遊びを楽しむ ・お弁当屋さん：お弁当をつくるだけでなく、注文を受けるための電話やパソコン、配達するためのバッグ等をつくる動きが見られる。 ・探検ごっこ：海賊船づくり。K児を中心にどんな海賊船にするかを考えながら取り組んでいる。 ・自然物で遊ぶ：昨日拾ってきた落ち葉や木の実などで遊ぶ。 ・図鑑で調べる。 ・製作をする。	・遊びの続きができるように、昨日までにつくっていたものは、目につくところに置いておく。 ・必要な材料がすぐに出せるようにし、子どもなりの発想ややり方を大事にする。 ・遊びのメンバー間で相談し合うことができるように見守りながら、必要であれば保育者も加わるが、子どもからいろいろな意見が出せるようにする。 ・落ち葉や木の実の色や形、感触などが十分に楽しめるようにする。

「環境構成」には、活動を行う際に必要なものやその準備を具体的に示します。また、物的環境だけではなく、空間づくりや安全面への配慮なども示します。

「子どもの姿」には、時系列に沿って予想される子どもの生活、活動をさまざまな角度から具体的に示します。

図表4-5　日案例（5歳児クラス）

（3）指導計画と保育実践の関係

　指導計画はその通りに保育を行うべきであるというシナリオではありません。あくまでも保育者が予想した仮説です。先述したように、保育はその日、そのときに子どもがどのような姿を見せるかわからないといった偶発的なことも含んでいるため、指導計画には柔軟性が必要になります。柔軟性とは、子どもの姿に合わせて環境を再構成したり、ねらいや内容を修正したりする余地があるということです。保育者は、子どもの姿に即して臨機応変な対応をする必要があることも視野に入れながら、指導計画を作成していくことが必要です。

　子どもたち一人一人は、遊びへの向き合い方やペース等には個人差があること、また、常に遊びや生活に満足しているときばかりではなく、挫折や葛藤などを味わっているとき

もあります。大切なのは、常に保育者が期待しているような子どもの姿が見られることではなく、さまざまな感情を味わいながら育っていこうとしている子ども一人一人の姿をていねいにとらえ、それがその子どもの育ちにどのような意味をもつかを考えていくことです。その意味でも、保育者はただ指導計画に記された通りの保育を行うことを優先するのではなく、子どものさまざまな状況に合わせながら臨機応変な援助を行うことが重要になります。

6. 保育の評価・改善

　これまでも述べてきたように、保育はそのときの状況の中で子どもの興味・関心がどのように向けられていくのか、そこで子ども同士の中でどのような動きがはじまるのか等、かなり状況や日常に依存した形で営まれていきます。保育者は子どもとともにその状況性にいる中で、そのときに最適であると思われる援助を行っているわけですが、保育者の具体的な行為は瞬時に要求されることも多く、保育の最中にその行為の意味をじっくりと考える余裕はほとんどない状態です。そのような意味で、保育の営みはあとから振り返るという作業を通して、改めて意味をもつことも多くあります（次頁 Column 参照）。つまり、保育の営みは、実践でおわるのではなく、評価を行うことまでが必要ということです。評価というと、何か優劣をつけるようなニュアンスに受け取る人がいるかもしれませんが、そうではなく、自身の保育をていねいに見直し、明日以降の保育実践に生かすということです。

　教育要領では「その際、幼児の実態及び幼児を取り巻く状況の変化などに即して指導の過程についての評価を適切に行い、常に指導計画の改善を図るものとする」と記されています。『幼稚園教育要領解説』では「このような評価を自分一人だけで行うことが難しい場合も少なくない。そのような場合には、他の教師などに保育や記録を見てもらい、それに基づいて話し合うことによって、自分一人では気付かなかった幼児の姿や自分の保育の課題などを振り返り、多角的に評価していくことも必要である。このようにして、教師一人一人の幼児に対する理解や指導についての考え方を深めることが大切であり、そのためには、互いの指導事例を持ち寄り、話し合うなどの園内研修の充実を図ることが必要である」[1] と述べられています。保育指針では指導計画の展開の中で「保育士等は、子どもの実態や子どもを取り巻く状況の変化などに即して保育の過程を記録するとともに、これらを踏まえ、指導計画に基づく保育の内容の見直しを行い、改善を図ること」と記されています。さらに「保育士等の自己評価」と「保育所の自己評価」という項目で、保育者が個別に評価を行うだけでなく、保育者間で、あるいは外部の専門職を交えたりしながら、職員全体での評価を行ったりすることの重要性も示されています。

　評価は、次の保育を計画するための土台です。その土台を生かしつつ、より質の高い保育を目指し、次の保育のために改善を行います。こうした Plan（計画）→ Do（実践）

→ Check（評価）→ Action（改善）→ P（計画）→ D（実践）→ C（評価）→ A（改善）→……という繰り返しを有効的に行っていくことにより、保育の質が向上することが可能になります。

7．カリキュラム・マネジメント

　カリキュラム・マネジメントとは、教育課程や全体的な計画に基づき、全職員の協力体制のもと、組織的・計画的に教育活動の質の向上を図ることです。各保育施設では、カリキュラム・マネジメントが行われていますが、その中心となるのは保育者が自分の保育実践を開いていくことと、それに基づいた話し合いの積み重ねが行われることです。その中で、あまり意識していなかった自分たちの保育の課題だけでなく、保育者の強みや魅力なども確認することができます。

　保育施設はクラスやグループなどで担任や担当が決められているので、どうしても自分に直接的に関係のあること以外のことには意見を述べにくくなる傾向があります。その結果、外からの声（意見等）を聞く機会がもちにくくなり、保育がマンネリ化したり、保育に閉塞感が生まれたりします。そうしたことを取り除き、園全体の保育を全職員が支え、保育の質を少しでも向上させていこうという意識をもつ上でも、カリキュラム・マネジメントは非常に有効です。

 Column　倉橋惣三『育ての心』　子どもらが帰った後

　日本の保育理論の基礎づくりに貢献した倉橋惣三は、保育実践がおわったあとの保育者の振り返りの重要性を提唱しました。以下は、倉橋の著書である『育ての心』に掲載されている「子どもらが帰った後」の全文です。

　　子どもが帰った後、その日の保育が済んで、まずほっとするのはひと時。大切なのはそれからである。

　　子どもといっしょにいる間は、自分のしていることを反省したり、考えたりする暇はない。子どもの中に入り込みきって、心に一寸の隙間も残らない。ただ一心不乱。

　　子どもが帰った後で、朝からのいろいろなことが思いかえされる。われながら、はっと顔の赤くなることもある。しまったと急に冷汗の流れ出ることもある。ああ済まないことをしたと、その子の顔が見えてくることもある。── 一体保育は……。一体私は……。とまで思いこまれることも屡々である。

　　大切なのは此の時である。此の反省を重ねる人だけが、真の保育者になれる。翌日は一歩進んだ保育者として、再び子どもの方へ入り込んでいけるから。※）

※）倉橋惣三『育ての心（上）』フレーベル館、2008、p.49

1 言葉について考えてみよう！

① Thinking map を作成してみよう。

Step1：白い画用紙の真ん中に「言葉」と書く。

Step2：「言葉」から、連想される言葉や考えられることを web 状（蜘蛛の巣状）に書き出してみる。

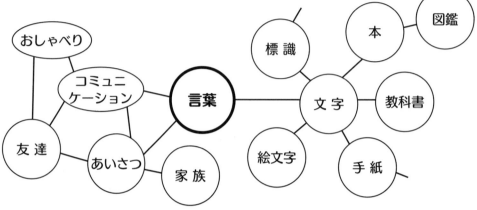

> **Hint!** 関連する事柄を線で結ぶなどの工夫もしてみよう。

② 作成した Thinking map から、感じたり考えたりしたことをまとめよう。

> **Hint!** 「言葉」に関連する事柄にはどのようなものがあり、それらがどのような意味をもっているのか考えてみよう。

③ 作成した Thinking map を仲間同士で確認し合い、感じたり考えたりしたことを話し合ってみよう。

2 1歳以上3歳未満児と3歳以上児の領域「言葉」のねらいと内容を比べてみよう！

① 1歳以上3歳未満児と3歳以上児の領域「言葉」のねらいと内容を確認しよう。

> **Hint!** 保育指針「第2章　保育の内容」に示されている領域「言葉」のねらいと内容をよく読んでみよう。

② 1歳以上3歳未満児と3歳以上児の領域「言葉」のねらいと内容について、それぞれの記述内容を一つ一つていねいに比較してみよう。

> **Hint!** 共通性と違いについて、それぞれ箇条書きにして書き出してみよう。

③ ②で気づいた共通性と違いについて、グループの仲間と意見交換をしよう。

> **Hint!** 自由な意見交換を通して、他者の気づきから学びを深めよう。

Part 2

保育の展開と
指導法を学ぼう

第1章

言葉の獲得の筋道について学ぼう

1. コミュニケーションの中に生まれる赤ちゃん

赤ちゃんは生まれた瞬間から、コミュニケーションの世界の中にいます。赤ちゃんが、まず周囲の大人に感情を伝えるためにできることといえば、「泣く」ということでしょう。

何か不快を感じると赤ちゃんは「泣く」という行為で伝えます。

大人が抱き上げ「どうしたの？　眠れないのかな？」「お腹が空いたのかな？」と語りかけ、赤ちゃんにかかわります。お腹が空いた状態を満たしてもらうと、不快から快の状態になります。すると赤ちゃんは泣き止んだり、快の発声をしたりして、その状態を表します。そのコミュニケーションは、赤ちゃんが泣くという行為からはじまるのです。

2. 新生児期のコミュニケーション

新生児期の赤ちゃんができることは、泣くだけではありません。さまざまなサインを出して、大人に発信しているのです。大人の顔をじっと見たり、声のするほうに注意を向け

ようとしたりします。赤ちゃんから見つめられたら、大人はにっこりと見つめ返したり「あら、ご機嫌ね」などと話しかけたりします。赤ちゃんが体を動かせば「足をバタバタしたの」「うーんと伸びたね」などと声をかけて働きかけたりもするでしょう。

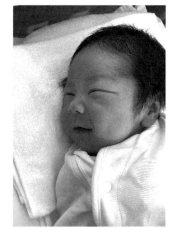

赤ちゃんが何らかの形で周囲の大人に向けてサインを出し、それを大人が受け止めて応じる……、このようなやりとりは、新生児期からはじまっているのです。赤ちゃんは「何もできない」という存在ではないのです。

3．乳児期（0歳児）の言葉

誕生直後から泣き声を発する赤ちゃんですが、2〜3か月ごろになると、機嫌のよいときに「くーくー」と喉で響かせるような発声が聞かれるようになります。これは「クーイング」と呼ばれています。さらに4〜6か月くらいになると、クーイングから徐々に「アー、アー、アー」というような一定のリズムやイントネーションをもった喃語に移行していきます。これは穏やかな気持ちで過ごしているときによく出る音声で、自分の口から出る音を楽しんでいるようにも見えます。

6〜7か月くらいになると、母音と子音を組み合わせた発声が可能になり、「マ、マ、マ、マ、マ……」とか「バ、バ、バ、バ……」など、リズミカルに繰り返される発声をするようになります。これも喃語または反復喃語と呼ばれます。これは赤ちゃんが自分で発声をコントロールできるようになってきたことを示しています。

赤ちゃんはこうした声を発するのと同時に、それに合わせるようにリズミカルに体を動かすようになります。このようなしぐさが出てくるようになると、赤ちゃんと周囲の大人とのやりとりが、より活発になっていきます。リズムに合わせて大人が揺らすと、喜んで手足をバタバタさせたり、口を大きく開けて笑うような表情が見られたりします。わらべうたやリズム遊びなどをすると「もっと」というように手でポンとお腹を叩いたり、手足を動かして催促したりするような様子も見られます。赤ちゃんのほうから、大人の行為を促す働きかけがどんどん出てくるということです。

4．1歳以上3歳未満児の言葉

生後9か月ごろから1歳の誕生日を迎えるころになると、これまでの「自分」と「相手」の関係（二項関係）が中心であったところから、少し視野が広がっていきます。他者が見ているものを見ようとする行為が現れるのです。これを「視線追従」といいます。さらに新しいものに出会ったときに、親しい大人の反応を見る行為が生まれたりします。これを「社会的参照」といいます。また、指をさして、自分の要求や関心の対象に向けて、大人の注意を引こうとするような様子も見られるようになります。そこには「あのおもちゃとって」「あれは、なあに？」というようなメッセージが含まれています。

このように「自分」と「相手」の二項関係が中心だったところから、ものを媒介として相手とかかわるような三項関係に発展していきます。このころは、指さし行為が多く見られるようになります。

1歳を過ぎると「マンマ」や「ワンワン」など特定の意味

をもつ言葉が現れます。これは一語文と呼ばれます。ここから徐々に有意味語が増え、1歳半を過ぎるころには語彙が爆発的に増加していきます。

　2歳から2歳半ころになると「パパ、オシゴト、イクノ」など、三語文を使いはじめます。「オハナガ、サイテル」「ワンワンガ、イタネ」などの助詞の活用は、そのあとになります。2歳後半になると、積み木を電車に見立てたり、お手玉を食べ物に見立てたりというような「見立て」や「つもり」遊びが多くなるので、子どもの見立ての世界に寄り添って「いらっしゃいませ」「どれにしますか？」などと、さらにイメージが豊かになるような言葉をかけるとよいでしょう。そのような大人の助けを得ながら、ごっこ遊びを楽しむようになるのです。人形を使って遊ぶ中で、お話をつくって、「トントントン」「どなたですか？」などと、つぶやきながら楽しむ姿も見られます。そのベースとしては、大人から読み聞かせやお話をしてもらうといった体験があるのです。

5. 3歳以上児の言葉

　3歳ころになると自分の要求や経験などを多語文で話せるようになり、日常的な言葉のやりとりができるようになります。多語文とは、三語文よりも多い単語数で構成された文のことです。このころになると、知的な好奇心がどんどん広がり、大人へ向けて「なに？」「どうして？」などと質問をすることが増えます。この質問にていねいに答えることで、子どもはさまざまな情報を少しずつ整理して言語化していくことができるようになります。ときには返答に困るような質問もありますが、その場合は「どうしてだろうね？」と一緒に考えるようにして、その会話を楽しみます。

　周囲の大人は、肯定的な雰囲気で子どもの言葉を受け止め、やりとりする経験を重ねられるような対応をしていくとよいでしょう。この繰り返しにより、言葉で相手に気持ちを伝えようとする意欲が高まっていくのです。

　肯定的な雰囲気の中で、2歳後半から「見立て」「つもり」の世界をたっぷり楽しんだ子どもは、3歳を過ぎるころになると、役になりきって遊ぶ姿が見られるようになります。「私、お母さんね。アイロンしているの」「お父さんはお掃除してね」などと、自分の役や友達の役について語りながら演じるようになります。ときには、友達とトラブルになることもあります。友達のおもちゃを横取りしてしまってトラブルになった場合など「だって、貸してって言ったのに、貸してくれないんだもん」などと自分の気持ちを伝えます。保育者はどちらが正しいという判断を下すのではなく、お互いの気持ちを代弁するような役割を担います。「こうやって伝えたら、うまく伝えられるのか」という実感とともに、少しずつ適切な伝え方を身につけていきます。ものの貸し借りのトラブルのよう

な場合でも、「このおもちゃは、さっき私が使っていたんだよ。置いておいただけだもん」などと、相手がわかるように状況を説明する姿も見られるようになります。

さらに時系列の理解が進むと「きのう」や「あした」などの言葉を適切に使えるようになります。また、経験を話すような場合、「いつ」「だれと」など順序立てて説明することもできるようになっていきます。

話し言葉によるコミュニケーションを十分に楽しんだ子どもは、4～5歳になると、文字にも興味をもつようになってきます。自分の名前の文字や友達の名前の文字から覚えて発音するようになります。大人はうれしくなり次々と教えたくなりますが、幼児期の文字獲得については、ドリルなどで正しく書けることを目指して練習するというような方法ではなく、生活経験や自発的な活動として遊びを展開する中で、自らの好奇心で文字への興味・関心を育てるように環境を整えていくことが大切です。

5歳ころになると、ゲームのルール説明などでは、相手の理解に合わせて説明することができるようにもなります。みんなで話し合うというようなこともできるようになり、「自分の番がくるまで発言を待つ」「ほかの人が話をしているときは聞く」というようなこともできるようになっていきます。

文字への興味も広がり、読める文字を拾い読みしたり、文字を書いてみようとしたりする姿も見られます。

🔊 保育実践の Point ❗

● 愛情豊かに応答的にかかわる

言葉のやりとりの基本は、コミュニケーションです。まだ言葉を発することができない新生児期からもコミュニケーションは、はじまっています。赤ちゃんからのサイン（泣き、ほほえみ、手足の動きなど）があったら、見逃さずにやさしく声をかけていくことが大切です。

● 肯定的な雰囲気を大切にする

自分が受け入れられていると感じると、人は自分を表現しようとします。どんなに小さな子どもでも、それは同じです。肯定的な雰囲気で子どもの言葉を受け止めていきましょう。そのような雰囲気に包まれると、子どもは言葉で、相手に気持ちを伝えようとするようになるのです。

● 心地よい言葉かけを意識する

子どもが言葉を理解したり話せるようになったりすると、大人はつい指示的な言葉を使ってしまうことが多くなる場合があります。でも、日常的にそのような言葉に囲まれていると、言葉による伝え合いの楽しさや言葉の美しさを感じる余裕はありません。毎日子どもと接する大人は、心地よい言葉を発するように常に心がけていきましょう。

　乳児期は、自分のために世話をしてくれる保育者と濃密な時間を過ごして、信頼関係を深めていく時期です。乳児は言葉を発していなくても、保育者の表情をじっと見たり、保育者が話す口元をまねして口を動かそうとしたりしています。そこに保育者が気がつき、「あーんとお口を開けたのね」などと応答することで、コミュニケーションが生まれます。このようなコミュニケーションの積み重ねが、言葉を学習する土台となっていきます。

指導法例1－①　　応答的なかかわり（0歳児クラス）

環境構成

　機嫌よくベッドに寝転ぶA吾くん（4か月）が、動くものや、音や声のするほうに視線を向けて、周囲からの刺激を受け取っている。そのようなA吾くんの発育に合わせ、天井からは目に入る位置にカラフルなモビールを吊り下げてある。

保育者のかかわり

　A吾くんは、風に揺れるモビールに気がつき「あ〜」と声を出した。保育者はすかさず「あら、いいもの見つけたね〜、ゆらゆら……しているねえ」と声をかける。A吾くんは、保育者が反応してくれたことがうれしくて、手足をバタバタと活発に動かして、その働きかけに応え

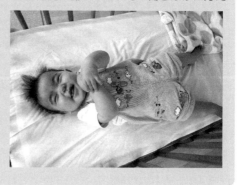

ようとしている。そして、今度は保育者の顔を見て、「あ〜」と声を出した。まだ言葉にして表現することはできないが、保育者からのかかわりを繰り返してもらいたくて、期待しているようだ。保育者は「Aくん、楽しいね〜」「ご機嫌でいいですね〜」などと、また言葉をかける。保育者はゆったりとしたやさしい言葉で「いないいないばあ〜」をしながら顔を隠したり、名前を呼んだりしてコミュニケーションを続けた。

Point　泣いたときにあやしてもらうのはもちろんですが、機嫌がよいときにも信頼できる大人から愛情深くかかわってもらうことは、とても大切です。このような幸せな時間の体験を日常的に繰り返していくことで、子どもは人とかかわることの楽しさや心地よさを知っていくのです。かかわりを繰り返す中で「この人が好き」という気持ちが芽生えます。そしてそういった気持ちは、言葉の獲得へつながっていくのです。

指導法例 1 − ②　汎用的な言葉の使い方（0歳児クラス）

B斗くんの知っている「わんわん」

　B斗くん（1歳11か月）は、地域のお正月のイベントで園にやってきた「獅子舞」を見て「ワンワン！」と言いながら、指さしをして保育者に教えてくれた。

新しい言葉（の獲得）「しーしーまい」

　保育者はB斗くんの言葉を受け止めながら「あら、ワンワンみたいな大きいのがきたね。あれは、シシマイだね、シシマイ。お正月だから、みんなに会いに保育園に来てくれたんだね〜」と言葉を返した。

　B斗くんは、保育者の返答を聞いて、納得したように「しーしーまい」と言った。

　それから、自分で何度も確認するように「しーしーまい」と言いながらも、時折、「ワンワン！」と言ったりしながら、獅子舞が園庭をかけまわる様子を見ていた。

Point　この時期は、言葉のバリエーションが少なく、自分の知っている言葉を総動員して、何とかして周囲の人に自分の思いを伝えようとします。たとえば、口に入れるものは、飲み物であっても食べ物であっても、みんな「マンマ」と表現したり、絵本などで動物を見た場合、キリンでもゾウでも、みんな「ワンワン」と表現するようなケースです。そのときに保育者は、子どもの視線に注目したり、興味・関心のありそうなところから連想して、子どもが何を言おうとしているのかを考えていくことが必要です。「それは違うよ」などと間違いを訂正するようなかかわりではなく、「キリンだね」「ゾウだね」と、さりげなく正式な名称を伝えていくとよいでしょう。

　自分の表現したい気持ちが保育者に「伝わった」「わかってもらえた」という喜びが重なると、より多くの言葉を駆使して、さらに保育者に気持ちを伝えようとするようになります。このかかわりの積み重ねが、子どもの語彙力を増やしていくのです。

Column　**乳児と楽しむオノマトペ**

　「コトコト」「ゴーゴー」など、実際に聞こえる音や声を言葉で表したものを「擬音語（擬声語）」といい、「ニコニコ」「トコトコ」など、モノや人の様子を言葉で表したものを「擬態語」といいます。そして、それらを総称したものを「オノマトペ」といいます。オノマトペの数が多いのは、日本語の特徴です。「歯磨きシュッシュ」「うさぎさんがぴょんぴょん」など、子育ての場面でも多く使われています。「ビリビリ」「ガタンゴトン」などの音の感覚が、イメージを豊かにするため、乳児にも伝わりやすく、コミュニケーションを円滑にする役割もあります。声の強弱や表情と合わせてオノマトペを使うことで、さらにその雰囲気が伝わりやすくなります。乳児との会話ではオノマトペをたくさん使って、楽しいやりとりの時間にしたいものです。

　幼児期の言葉の発達を考えたときに、言葉を豊かにするためのさまざまな経験が必要不可欠です。大人からたくさんお話をしてもらう、絵本を読んでもらう、自分の気持ちをしっかり聞いてもらう……、そのような体験が積み重なって、子どもはイメージを広げ、自分でお話をつくったり、友達とやりとりを楽しんだりすることができるようになるのです。

 指導法例2-①　　お話づくりをする・お話の世界を共有する（4歳児クラス）

> **お話に触れる**
>
> 　大人からたくさん絵本を読んでもらったりお話をしてもらったりした経験から、やがて自分も人形を動かしながらお話をつくり、友達と共有したい、友達にお話を聞かせたい、という欲求が出てくる。保育者は、読み聞かせをしたり、さまざまな絵本を手に取りやすいようにしたり、子どもがお話に触れる機会をもてるように配慮している。

> **友達とお話をつくる**
>
> 　H斗くんとU吾くんは、積み木でつくった街に人形を組み合わせて、共通のイメージをもって、お話を展開させている。「ここにお友達が集まってきたのね」「こんにちは」などと言って、互いに場面の設定やストーリーの流れを確認しながら進めている。

> **クラスのみんなと共有する**
>
> 　友達と協力して舞台のようなものをつくり、保育者に手伝ってもらいながらクラスの友達に聞かせるような場面を、遊びの中でつくっていく姿も見られている。

Point　幼児期は、友達と共通のイメージをもちながらその世界を広げていきます。4歳くらいになると、自分のもつイメージを形にすることができるようになり、さまざまな積み木や動物の人形などを組み合わせて街づくりをして、そこでストーリーが生まれるようになります。一人でつぶやきながらお話を展開させていくうちに、次第に友達とも共有して一緒に楽しめるようになります。気の合う友達と一緒に意見やアイディアを出し合って、それをお互いに認めたり取り入れたりしながら、遊べるようになるのです。

ルールの説明をする（5歳児クラス）

　5歳くらいになると、ゲームのルールの説明など、少し複雑な内容でも理論立てて友達にわかるように説明する姿が見られるようになる。

　すごろくゲームのマスに書いてある文字を読んで、子どもたちだけでゲームを進めることもできるようになっていく。文字が読めるようになり、数字の加減がわかるようになると、勝ち負けを楽しむことができるようになるので、アナログゲームを繰り返して遊ぶ姿が見られる。

　遊びの中で必要に迫られて、文字への興味が増していく。

保育者の援助

＜環境構成＞
・複数のアナログゲームを、好きなときに棚から取り出せるように置く。
・カードが一枚足りないだけでもゲームがつまらなくなってしまう場合があるので、常に点検をしておく。
・ゲームを広げやすいスペースを用意する。

＜保育上の配慮（言葉かけやかかわり方）＞
・最初は大人がリードする形で、ゲームの楽しさを伝えるが、次第に子ども同士で新たなルールをつくったり、その説明をしたりなどして遊びを展開していく。
・物事を客観的に見られるようになった子どもたちを見守りながら、助けが必要なときには、必要に応じて介入できるようにする。

Point　工夫したことや思いついたことを言葉にできるようになり、遊びの楽しさがぐんと広がる5歳児です。友達にわかるように説明する、「作戦」という形で考えたことを言葉で表現したり、相手の考えを聞いたりする姿が見られるようになります。

　自分の話を聞いてほしいという気持ちが強い3〜4歳のころとは違い、相手に伝わっているかどうかを考えながら話すようになるのです。物事を客観的に見られるようにもなります。

　さまざまな体験ややりとりを通じて、ぐんと成長を感じる5歳児クラスの子どもたちです。

1 周囲の子どもの言葉のやりとりを観察してみよう！

① 例にならい、発達の道筋に合わせた子どもの姿を観察して、記録をしてみよう。

Hint! 園での観察がむずかしい場合は、電車の中や公園などで、親子や子どもの姿を
さりげなく観察してみよう。

発達の区分	言葉に関連する子どもの姿と発達の道筋	観察した子どもの姿
乳児期 （0歳児）	● 体の動きや表情、発声等により、保育者と気持ちを通わせようとする。 ・発声や喃語により保育者とのやりとりを楽しむ。 ・発声や喃語などのやりとりを通して言葉の理解や発語の意欲が育つ。 【発達の道筋の目安】 　アー、ウーなどのクーイング（2か月から4か月）→喃語（4か月から6か月）	（例）赤ちゃんが「あ～」と声を出すと周囲の大人が「ご機嫌ね」と顔をのぞき込みます。すると赤ちゃんはうれしそうにバタバタと手足を動かして、さらに「あ～、あ～」とうれしそうに発声を繰り返していました。
1歳以上 3歳未満児	● 言葉遊びや言葉で表現する楽しさを感じる。 ● 人の言葉や話などを聞き、自分でも思ったことを伝えようとする。 ● 絵本や物語等に親しむとともに、言葉のやりとりを通じて身近な人と気持ちを通わせる。 ・自ら言葉を使おうとする。 ・生活に必要な簡単な言葉に気づき、聞き分ける。 ・親しみをもって日常のあいさつに応じる。 ・絵本や紙芝居を楽しみ、簡単な言葉を繰り返したり、模倣をしたりして遊ぶ。 ・保育者とごっこ遊びをする中で、言葉のやりとりを楽しむ。 ・保育者を仲立ちとして、生活や遊びの中で友達との言葉のやりとりを楽しむ。 ・保育者や友達の言葉や話に興味や関心をもって、聞いたり、話したりする。 【発達の道筋の目安】 　一語文（1歳ころ）→二語文（1歳半ころ）→多語文（3歳ころ）の表出	
3歳以上児	● 自分の気持ちを言葉で表現する楽しさを味わう。 ● 人の言葉や話などをよく聞く。 ● 自分の経験したことや考えたことを話し、伝え合う喜びを味わう。 ● 日常生活に必要な言葉がわかるようになる。 ● 絵本や物語などに親しみ、言葉に対する感覚を豊かにし、保育者や友達と心を通わせる。	

（発達の区分）	（言葉に関連する子どもの姿と発達の道筋）	（観察した子どもの姿）
（3歳以上児）	・保育者や友達の言葉や話に興味や関心をもち、親しみをもって聞いたり、話したりする。 ・したり、見たり、聞いたり、感じたり、考えたりなどしたことを自分なりに言葉で表現する。 ・したいこと、してほしいことを言葉で表現したり、わからないことをたずねたりする。 ・人の話を注意して聞き、相手にわかるように話す。 ・生活の中で必要な言葉がわかり、使う。 ・親しみをもって日常のあいさつをする。 ・日常の中で言葉の楽しさや美しさに気づく。 ・いろいろな体験を通じてイメージや言葉が豊かになる。 ・絵本や物語などに親しみ、興味をもって聞き、想像をする楽しさを味わう。 ・日常生活の中で、文字などで伝える楽しさを味わう。 **【発達の道筋の目安】** 　昨日、今日などの時制が会話に含まれてくる（3歳半以降ころ）→文字への興味（4歳ころ）→書き言葉の使用（5歳ころ）	

※言葉に関連する発達の目安の項目については、保育指針を参考に、筆者作成（「●」はねらい、「・」は内容の文言を一部引用、抽出）。
※発達の目安の年齢は、個人差があります。

② 記録した内容を仲間同士で発表し、意見交換をしよう。

2 しりとりの楽しさを思い出してみよう！

① 4人一組になって、しりとり遊びをしてみよう。

Hint! 「しりとり」は、最後に「ん」がつく言葉を言った人が負けというのが一般的なルールですが、大人が楽しむために少し難易度をあげて「お花シリーズ」「食べ物シリーズ」などとして、言葉を限定してもよい。

② 5歳の子どもがしりとりをしたと考えたとき、どのような姿が予想されるか、考えてみよう。

Hint! ・順番がくる前に、思いついた子どもが言うこともある。
　　　　・順番で言葉が思いつかなくても、友達が教えてくれることもある。
　　　　・「ん」を言ってしまい、「やっぱり、間違い」などと笑い合うこともある。

③ 言葉で遊ぶ喜び、知らない言葉を知る喜び、言葉を声に出して言ってみる喜び……、この時期のしりとり遊びの「ねらい」を出し合い、大事にしたい援助を考えてみよう。

第 2 章

子どもの生活と言葉に ついて学ぼう

1. 生活の中で育まれる言葉

　乳児の生活では、保育者を目で追ったり、はってそばに行こうとしたりする姿がよく見られます。これは温かい雰囲気の中、肯定的に応答してくれて、常に期待に応えてくれる保育者を信頼している姿です。言葉でやりとりできない時期であっても、保育者から「ミルクを飲みましょうね」「ご飯にしましょうね」「おいしいね」などと言葉にして伝えてもらうことで、乳児は見通しをもつことができたり、心地よい時間を過ごすことができたりするようになります。そして次第に、自分の興味のあるものを指さしをして知らせたり、ものを差し出して共感を求めたりするようになります。保育者はその子どもの気持ちを受け入れ、「あら、いい音が聞こえたね」「にんじんがあったね」などと、子どもの伝えたいことを言葉に置き換えながら応えます。子どもは、自分の行為や感情を保育者に置き換えてもらうことで、言葉を知っていきます。

　日常生活の言葉は日々繰り返されます。そのていねいな繰り返しの中で、子どもの体験は豊かになっていくのです。1歳半を過ぎるころには、これまでしぐさや表情だけで要求を伝えていた子どもが言葉で表現しようとするようになります。このころは、散歩で電車を見に行きたいという気持ちを「でんしゃ」などと単語で表現する場合が多いので、保育者は子どもの関心ごとや文脈などから子どもが何を言いたいのかを想像して「電車を見に行きたいの？」などと補足します。子どもは自分の言いたいことを保育者がわかってくれたことに満足し、さらに自分の思いを伝えようとするようになります。

　3歳ころになると「おはよう」「さようなら」のあいさつもできるようになります。最初は大人が発したあいさつの言葉に応えることが中心ですが、次第に自分から言えるようになります。まずは大人がモデルとなってあいさつをし、その楽しい雰囲気が伝わるようにしていきます。形式的ではなく、親しみの気持ちを込めたあいさつができることが大切です。

　また次第に自分が体験したことやうれしかったことを親しい人に伝えたいという欲求も出てきます。いつ、誰と……など、出来事の詳細は伝えられなくても、保育者が「誰と行ったの？」「何をして遊んだの？」などと質問してやりとりをするうちに、順序立てて細かく伝えられるようになります。

2．遊びを通して育まれる言葉

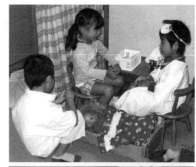

　保育者が子どもに一対一で話しかけたり、わらべうたをうたったりして過ごす時間が多い乳児期ですが、気持ちが安定しているときこそ、歌や語りかけなどで親密な時間を過ごしたいものです。膝の上に抱けるようになると、絵本を一緒に見るなどして子どもが満足する体験を重ねていきます。保育者との時間を満足して過ごした子どもは、次第にほかの子どもの存在に気づき、興味をもってかかわるようになります。泣いている友達の頭をなでるなど、自分がしてもらっているような行為をまねしてする姿も見られます。

　生活の中でさまざまな体験が増えてくると、イメージが豊かになり「見立て遊び」「つもり遊び」につながっていきます。保育者は、たとえば積み木を電話に見立てたしぐさをしているときには「もしもし」などと呼びかけて、そのイメージを周囲と共有できるような環境を整えていきます。

　そういった積み重ねが3歳くらいになると「ごっこ遊び」の展開につながっていきます。ごっこ遊びのイメージが広がるように、病院やレストランなどの写真を貼ったり、小道具などを充実させたりして、環境整備をします。「お医者さんにもっていく診察券をつくりたい」という展開が予想される場合、その材料をあらかじめ用意しておき、子どものイメージやつくりたい気持ちが膨らんでいるタイミングを逃さないことも大切です。そのために、子どもの遊びをよく観察しておくとよいでしょう。子どもたちは遊びを通して、看板をつくったり、診察券をつくったりする中で、文字への興味を自然と育んでいきます。

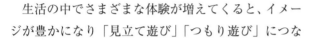 保育実践のPoint ❗

● ていねいに言葉に置き換えながら過ごす
　乳児のうちは、自分の思いをまだ上手に伝えることができません。生活の中で、子どもが伝えたいことを、ていねいに言葉に置き換えながら過ごすとよいでしょう。子どもは自分の言いたいことを保育者がわかってくれたと満足し、さらにコミュニケーションをとろうと、積極的にかかわるようになります。

● 子どもが言葉に興味をもつタイミングを大切にかかわる
　言葉が理解できるようになっても、子どもの発言の間違いを正そうとばかりしたり、教え込んだりしようとする姿勢では、かえって言葉は育ちません。遊びの中で、興味をもったタイミングで、意味のある生き生きとした言葉を獲得していくことが、何より大切です。

　食事や排泄、睡眠などの生活の場面では、その行為が安全に滞りなくすめばよいということだけではなく、その行為を通して子どもとのていねいな気持ちのやりとりをしていくことが大切です。行為を言葉にして伝えていくことで、次第に自分の行為を理解したり見通しをもてたりするのです。毎日の生活のやりとりの中から言葉が育まれていくのです。

指導法例3-① 　子どものサインを見逃さず尊重するかかわり（0歳児クラス）

　1歳を過ぎたC奈ちゃん（1歳2か月）は、これまでの保育者とのかかわりの中で「食べたい」という意欲がどんどん増してきている。写真のように、指でさして、保育者に食べたいものを伝えている。保育者はその気持ちに応えるように「これが、食べたいの？　おいしそうね」とていねいに言葉を返す。このあと、自分の食べたいものを口に運んでもらい、満足そうにする姿が見られた。

Point　保育者は、子どもの「食べたい」というサインを見逃さず、気持ちを尊重しています。子どもの気持ちを受け止めたあと「これが、食べたいのね」「アムって食べようね」などと言いながら、一つ一つの行為を目を合わせながら、言葉にして伝えています。「あむあむ、おいしいね」「これはにんじん」「ぱくっと食べたね」などと、自分の行為を実況中継のように言語化してもらうかかわりをていねいに繰り返してもらうことにより、子どもは自分の行為を自覚することができ、次第に生活に見通しがもてるようになります。そして安心し、さらに自分の気持ちを伝えていこうとします。生活の中でこのようなやりとりを繰り返していくことが、子どもの言葉を自然に育んでいることにつながっていくことについて、保育者は常に意識をしていく必要があるでしょう。

Column　この世界はなかなかいいところだ！

　子どもが生活する環境を整えるのが大人の役割ですが、どのような環境がよいかと一言で表現すると、子どもが「この世界はなかなかいいところだ！」と思えるような環境といえるのではないでしょうか。声を弾ませ、表情豊かにかかわってくれる大好きな保育者がいる、困ったことがあると、すぐに察知をして「どうしたの？」とやさしく声をかけてくれる、暑くもなく寒くもなく、お腹が空けば満たされ、眠いときには寝かせてもらえる、すべて心地よい……こうした環境の中で、安心感に包まれていたら、子どもは自然と人を信頼し、周囲のものを愛し、言葉は美しくて楽しいものだと感じていくのではないかと思います。

指導法例3−②　友達のロッカーの名札から文字に興味をもつ（5歳児クラス）

　5歳児のD美ちゃんは、友達のロッカーに表示されている名前の文字を一つずつ指でさし「え、り、か」等と読むことが楽しい様子だ。読めない文字があっても、友達の名前から見当をつけて読んでいる。さらに散歩のときにはひらがなだけを拾い読みをして楽しむ姿が見られるようになった。保育者は子どものそのときどきの興味・関心のある事柄をとらえ、文字にして、掲示し、子どもが自然と文字に興味がもてるよう工夫しています。読みやすいように、ひらがなで大きく表示しています。

● 絵と文字でわかりやすく掲示する　　● 五十音表を貼る

　ある日、散歩に行ったときに「あ、『く』がある‼」とうれしそうに言うので、視線の先を見ると、それは「く」ではなく、道路標識の「カーブ」のマークだった。文字を絵のように形としてとらえていることがわかる。

Point　4〜5歳になると、ひらがなや数字に興味をもつ子どもが多くなります。街の看板や廊下の掲示物、ロッカーなどに示された名前、保育室のクラス名の表示などを何でも指でさしながら、一文字一文字ゆっくりと確認しながら声に出す姿が見られるようになります。文字等に興味をもつ時期には個人差がありますが、保育者はその興味をもったタイミングをとらえて、環境の中に文字情報を取り入れていきます。

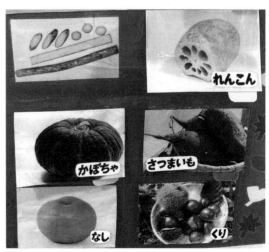

　遊びは子どもの中から自然発生的にはじまるものですが、そのベースには、さまざまな子どもの経験や保育者の環境構成の工夫があります。子どもは意識していませんが、周囲のものに刺激を受けて遊びをはじめたり、保育者の言葉かけからイメージが広がったりしています。その土台には、保育者との温かいやりとりの積み重ねや、友達と一緒に絵本を読んでもらったりするような楽しい共通の経験の積み重ねがあるのです。遊びの広がりには、日々の経験の豊かさが大切であり、それは言葉の獲得につながっていきます。

指導法例4−①　やりとりを楽しむ経験（乳児、1〜2歳児クラス）

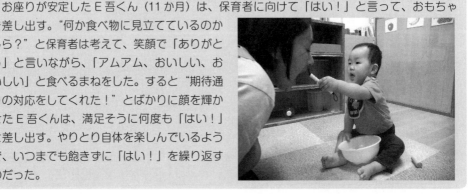

　お座りが安定したE吾くん（11か月）は、保育者に向けて「はい！」と言って、おもちゃを差し出す。"何か食べ物に見立てているのかしら？"と保育者は考えて、笑顔で「ありがとう」と言いながら、「アムアム、おいしい、おいしい」と食べるまねをした。すると"期待通りの対応をしてくれた！"とばかりに顔を輝かせたE吾くんは、満足そうに何度も「はい！」と差し出す。やりとり自体を楽しんでいるようで、いつまでも飽きずに「はい！」を繰り返すのだった。

Point　お座りが安定し両手が空くと、遊びの幅がぐんと広がります。このころには、大人に向けて「はい、どうぞ」と言わんばかりの表情としぐさでおもちゃなどを差し出し、やりとりを楽しむ様子が見られます。いわゆる「やりもらい遊び」です。

　また、おもちゃを何か食べ物に見立てる「見立て遊び」も同時に楽しんでいることがわかります。事例のE吾くんの後ろには、食べ物の絵がさりげなく貼ってありますが、これは、このような遊びが展開することを見越した保育者の環境づくりの工夫です。このような絵からイメージが広がり、おもちゃを食べ物に見立てた遊びがはじまることもあるのです。

　乳児の時期は、このような大人とのかかわりの中でイメージを広げながら、言葉の基礎となる「やりとり」を楽しんでいきます。やりとりの基盤には、大人との信頼関係が必要です。「この人とやりとりをしたい」という気持ちがこのような遊びに発展していくからです。保育者の膝に乗ってゆったりした気持ちでわらべうたをうたってもらったり、一対一の関係の中で触れ合い遊びを楽しんだりするのも大事な時間です。大好きな人との気持ちの交流が、やがて言葉のやりとりにつながっていくのです。

指導法例4-② ごっこ遊びを通して（5歳児クラス）

家の人がリモートワークをする様子をよく観察していたと思われるJ美ちゃんとK奈ちゃん。「あ、電話しなくちゃ」「はい、もしもし」などと大人のまねを楽しんでいる。スマートフォンやパソコンという小道具が助けとなって、ストーリーの世界に入っている。

大人の生活を模倣する中で「承知しました」「申し訳ありません」など、普段は使わないような言葉を使うこともある。

保育者の援助

＜環境構成＞

・5歳くらいになると遊びに必要なものを自分たちでつくるということ自体が遊びになっていく。友達同士で意見を出し合い、工夫したり協力したりする場面が見られるので、保育者は子どもたちができるだけ本物らしく再現するための材料を用意したり、イメージを共有できるような写真や絵本を提示したりするなどして、サポートをする。

＜保育上の配慮＞

・ごっこ遊びのはじまりからおわりまでには、長い時間が必要である。細切れの時間では楽しい経験ができない。時間と空間をしっかりと保障していく。

・遊びが進む中で参加の人数が多くなったり、年齢の小さい子どもが入ってきたりする場合、内容が複雑になる場合がある。子どもだけでは混乱するような場合や、遊びが不本意におわりそうになってしまう場合には「この役は誰がしているのかしら」などと役割やストーリーを整理するような言葉をかけて、さりげなく援助するとよい。

Point　普段は使わないような少し背伸びをした言葉を使う機会が生まれるのが「ごっこ遊び」です。3歳児ころから少しずつ友達同士で共通のイメージをもって遊べるようになります。

　4歳くらいになるとごっこ遊びの役割を理解して「私、お母さんで、今アイロンしているから忙しいの。Lくんはお父さんだからお部屋のお掃除をお願い」などと言って、遊びながら役割を決めていく姿も見られます。さらにその様子を見ていた子どもが「私はお姉さんで、赤ちゃんのお世話するね」と言って、そのストーリーの流れを理解した上で遊びに加わったりします。ストーリーを楽しむためにみんなで共有のイメージをもちながら、役割を担うのです。

　5歳くらいになると、あらかじめ「お化け屋敷ごっこをしようよ」「そのためには何が必要かな」などと話し合ってから遊びをはじめることも多くなっていきます。言葉によるイメージの共有ができ、さらに遊びがどんどん発展していくのです。

1 どんな言葉を交わしているのか、想像してみよう！

① 子どもが遊んでいる写真から、どのような会話をしているか想像して書いてみよう。

② どのような会話を想像したのかを、その理由とともに仲間と共有してみよう。

＜写真①＞

Hint! 写真は、2歳児クラスの子ども。2歳児は、まだ多くの言葉を自在に使ってやりとりすることはむずかしく、「お腹が痛いんです」などと、大人の言葉をまねる中で、イメージを共有して楽しむ。イメージの共有には、人形や医者のシンボルを示す小道具が役立っている。

＜写真②＞

Hint! 写真は、5歳児クラスの子ども。5歳児になると、子ども同士の会話の内容も複雑になり、数の概念や時間の概念なども含まれるようになる。自分の気持ちだけではなく、友達の気持ちを想像して、やりとりをすることもできるようになる。

2 どのような遊びの援助が必要か考えてみよう！

① 5歳児クラスの子どもたちが、先日行った遠足の絵を描いて、楽しんでいる。みんなで乗った路線バスも印象的だったようで、遊びに発展することが予想される。このようなとき、保育者はどのような環境を整えたらよいか話し合ってみよう。

> **Hint!** ・子どもたちは、回数券が出てくる機器や、降車ボタン、IC カードをタッチする改札機やつり革に興味をもっていた。
> ・「次は〜〇〇、お忘れ物のないように……」などと、バスの運転士の言葉を繰り返す子どももいる。
> ・「最後、忘れ物がないかどうか、後ろから前に歩いて点検していたよ」と、バスの運転士の仕事を知識として確認する子どもの発言もある。

② 話し合った子どもたちの姿から、今後の遊びの展開をイメージして、あなたならどのような環境を用意したいか考えてみよう。

> **Hint!** ・ごっこ遊びのコーナーと製作コーナーに分ける場合、活動しやすい子どもの動線を考えてみよう
> ・教材の場所、ほかの遊びとのつながり等も考えてみよう。
> ・テーブルやイスの配置も考えてみよう。

③ 考えた環境を保育室の環境構成図に描いてみよう。

④ 作成した環境構成図を仲間同士で発表し合い、意見交換しよう。

3 子どもの遊びの発展について考えてみよう！

① 実習などの機会で、子どもの遊びが発展していったケースを考えてみよう。

② どのような遊びがどのように発展していったのか、整理してまとめてみよう。

> **Hint!** ・子どもたちはどのような遊びを行っていて、どのような経験をしていたのか考えてみる。
> ・子どもたちの言葉のやりとりを思い出してみる。

③ 子どもの遊びへの保育者の援助について、整理してまとめてみよう。

> **Hint!** ・保育者はどのような環境を整えていたのかを考えてみる。
> ・保育者がどのような言葉かけの援助を行っていたのかを考えてみる。

④ まとめた遊びの発展について、仲間同士で共有し合い、意見交換しよう。

言葉を使うことで広がる世界の実践について学ぼう
── コミュニケーション・思考

1. 能動的で自主的な活動である言葉の獲得

　人は生まれてすぐに社会の中に投げ込まれます。そして、身近な人との直接的なかかわりを通して、その社会の中にあるさまざまな文化を自分の中に取り入れていきます。言葉もその一つです。しかし、子どもは自分に向けられた言葉をただ機械的に覚えたり、反応

したりすることで言葉を獲得していくわけではありません。自分に向けられた言葉に対して、自ら能動的にかかわろうとし、自主的にその言葉を自分の中に取り入れていこうとします。そのため、ときには、大人が使う正しいやり方で言葉を使うのではなく、自分なりのルールに当てはめながら言葉を使おうとすることもあります。そういった間違いを含め、子どもは自分で選択的に言葉とかかわることで、文化の一つである言葉を自分のものにしていきます。その過程においては、子ども自身の世界を外に、そして内にも広げていっています。

2. 身近な人とのかかわりを深める、広げる

　心理学者の岡本夏木は「乳児の初期のコミュニケーションでは、文字通り、母と子が一体となって交わり合い、様々な共有関係をわかち合うことが、その核心にある」「コミュニケーションとは、一体となり通じ合うということであり、当然そこに共通の経験や共同のコード（規約）をわかちもつことが中心となっている」と述べています[1]。言葉の前の言葉である指さし、マンマなどの一語文を獲得した子どもは、自分が使える動きや言葉を

使いながら、より積極的に身近な他者とかかわろうとします。その理由は、自分が行うこうした行動（指さしや発話）が、身近な他者の注意を引き、応答を引き出すことができるということを経験的に知るからです。こうした子どもの行動の変化は、身近にいる大人とのかかわりが

よりおもしろく、しっくりいくような感覚を抱かせてくれます。そして、大人のほうも何らかの応答を期待して、言葉や動作を伴いながらより積極的に子どもとのかかわりを楽しもうとします。「この子には私の言葉（意図）がわかるのだ」というような感覚が大人の中により鮮明に生じてくるからです。

　こうした言葉という記号を使いながらの、やりとりの心地よさが繰り返されることによって、子どもと大人との関係はさらに深まっていきます。同時に、社会的なシグナル（記号）である言葉が使えることによって、限られた人だけでなく、より多様な身近な人とのやりとりが可能になり、子どもは人との関係を広げていくのです。

3．多くの他者とのかかわりを深める、広げる

　身近な人との言葉によるやりとりは状況と結びつきながら使用されているため、不特定の他者には伝わらないことが多くあります。極端な例ですが、夫「おーい、あれは」、妻「はいはい、これこれ」という夫婦間では成立する言葉のやりとりも、ほかの人には「あれ」「これ」が一体何を指しているのかがわかりません。幼い子どもの言葉は、状況に依存している場合もが多く、こうした会話と似ているところが多くあります。

　一方、幼児期の後半ころになると、誰にでも伝わるような言葉を使うべき機会をもつようになります。たとえば、当番活動や行事の司会、地域の人とのかかわり等の場面です。岡本夏木は、近しい人の間で交わされる会話を中心とした言葉を「一次的ことば」、不特定多数の人にも伝わる言葉を「二次的ことば」と呼びました[2]。「二次的ことば」は、書き言葉にもつながる言葉であるといわれています。「二次的ことば」は主には小学校就学後に必要になっていく言葉なのですが、幼児期の後半における行事や当番活動などの場面等で、経験的に使用されています。

4．周囲のものとのかかわりを深める、広げる

　言葉を獲得する前の育ちの一つに、三項関係の成立があります。初期の段階では、身近な人が視線を向けたほうに子どもが視線を向けようとし、相手の視線を通して子どもが一つのものを取り込むことからはじまり、次第に、相手の指さしたほうに視線を送ったり、自ら視線の先を指さすことによって、相手に自分の意図を取り込ませたりします。これは、他者との共有関係を成立させていることであり、意図をもって他者とかかわることでも

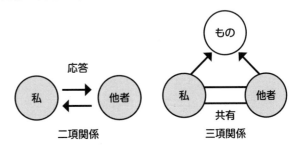

図表 3-1　二項関係と三項関係

あります。こうしたやりとりの中で、視線、表情、動作だけでなく、次第に言葉を用いながら参加するようにもなります。対象を指しながら「わんわん」「ぶーぶー」等の場面です。こうした子どもの発話に対し、身近にいる大人は「そうね。わんわんがいるね」「ブーブー、いっちゃったね」等と、子どもの言葉をただ繰り返すだけでなく、子どもの使用している言葉を使いながら、子どもが言おうとする意図をくみ取った言葉（文構造）にして応答します。そうしたやりとりの積み重ねの中で、子どもは自分が発している言葉以上の言葉を聞く経験をしていますし、自分が伝えたいことがどのような言葉の組み合わせ（構造）になっているのかという経験もします。ときには、子どもが「わんわん」と指をさしたのに対し、大人が「おおきいわんわん」と別の言葉で返すと、子どもが「おっきい」と大人に合わせる形で応答するような場合もあります。その言葉の意味するところが即時的に子どもに理解できているのかは、別の問題として考える必要はありますが、こうした言葉を介したやりとりの中で、対象となるものへの理解を深めたり、広げたりすることが行われています。

5．内なる世界を深める、広げる

言葉は、コミュニケーションのためだけに用いられるわけではありません。たとえば、新しく購入したスマートフォンの取り扱い説明書を読んで内容を理解すること、「お昼ご飯に何を食べようかな」と考えたりすること等、言葉は、私たちの理解や思考と深く結びついているものです。では、言葉を獲得する前は理解や思考ができないのかといえばそうではありません。生後7、8か月で人見知りがはじまった乳児が、見知らぬ人の顔をじっと見つめている姿を見ると、まさに「この人、知っている人だっけ？」と考えているようですし、「いないいないばあ」に慣れてきた子どもは、「いないいない」で大人がタオルで顔を隠しているときに、タオルを取ってそこに大人がいることを確認しようとしたりもします。

心理学者のヴィゴツキーは言語と思考との関係について下記のように記しています[3]。

1．思考およびことばの個体発生においても、われわれはこれらの過程に別々の根源を見出す。2．思考の発達に「前言語的段階」があるのと同じように、子どものことばの発達にも明確に「前知能的段階」を確かめることができる。3．一定の時期までは、思考とことばは、相互に独立した異なる発達路線に沿って進む。4．一定の時点で2つの路線は交叉し、それ以後、思考は言語的になり、ことばは知能的になる。

さらに、思考と言葉が交差する時期は、２歳ころであり、これが人間の新しい行動形式の出発点にもなると述べながら、この時期から見られる言語的な思考を「内言」と記しています（外に表れる言葉は「外言」）。

　このように、ある時期から思考や理解などの認知的な側面の発達と言葉の発達は、大きく関係するようになります。子どもの言葉の育ちを支えるためには、人に向けられて発せられるコミュニケーションとしての役割を果たす言葉だけに注目するのではなく、子どもが理解しようとしたり考えようとしたりする姿の中に潜んでいる言葉の育ちについても注目していく必要があるのです。

 Column 人とものを結ぶ指さし

　発達心理学者のやまだようこは、自身の子どもの詳細な観察から、言葉が生まれる筋道をていねいに研究する中で、言葉の前の言葉としての指さしを以下のように解説しています。

　　　ことばが生まれるには、「人の世界」と「物の世界」が結びつけられるという意味での三項
　　関係が形成されなくてはならない。（中略）指差しは他者に何か（もの）を示して、共に眺め
　　るという機能をもっている。その意味で乳児と他の人との間に、「物」が介入する。これには、
　　外の世界に関心を持つという外界指向性の活動（みる−とる）が大きな役割を果たしている。
　　第二には、指さしは、対人的コミュニケーションの目的のために、物の世界で発達し分化した
　　技能を手段として利用する行動だという意味で、人の世界と物の世界の結合体である ※）。

※）やまだようこ『ことばの前のことば−ことばが生まれるすじみち１』 新曜社、1987、pp.109-110

))) 保育実践の Point !

● 子どもが主体的に言葉を獲得する姿勢を受け止める

　子どもは身近な大人が使っている言葉をただ覚えて使えるようになるのではなく、主体的に事物や経験、感覚等と結びつけながら言葉を使うようになります。子どもが体を通して言葉を獲得しようとする姿を受け止めましょう。

● 言葉の正しさや量よりも、言葉で楽しくかかわる経験を大事にする

　乳幼児期は正しい言葉を使えるようになることや語彙が増えることだけを求めるのではなく、そのときにできる子どもなりのやり方で、他者とのコミュニケーションを深めたり、周囲の環境に自らかかわったりしながら言葉を使おうとする姿が重要になります。

● 言葉はコミュニケーションだけではなく、認知や思考にも深くかかわっていることを理解する

　言葉は他者とのコミュニケーションのために重要な役割を担っていますが、認知や思考にも深くかかわっています。子どもの言葉にならない思いを保育者が代弁することは、子どもが自分の思いに気づくとともに、言葉が認知や思考と結びつく経験にもなります。

　言葉は子どもの生活の中で具体的に使用されることによって、子どもの中に浸透し、結果的にその言葉を子どもが獲得していきます。また、言葉により、人と人との間をつなぎ、コミュニケーションを成立させ、関係を深めたり広げたりしていきます。

指導法例5－① いざこざを通して他者に自分の思いを伝える（2歳児クラス）

　S奈ちゃんがお気に入りの絵本を機嫌よく一人で見ていると、N之くんがきて、S奈ちゃんのとなりに座り絵本をのぞく。S奈ちゃんは「見ないで」と言い、体の向きを変えるが、N之くんは興味があるようでとなりに移動し絵本をのぞく。「やだ！　S奈ちゃんが見てるの！」とS奈ちゃんが言うと「Nくんも見たいの！」と言い、絵本を取ろうとする。S奈ちゃんは「やめて！」とN之くんを強く押し、N之くんも力ずくで絵本を取ろうとする。様子に気づいた保育者は「ちょっと待って」と2人を引き離し、「お話聞くからちょっと待って」と声をかけた。

保育者

N之くん

「S奈ちゃんは、気持ちが落ち着いたらお話聞くからね」
と泣いているS奈ちゃんの背中をさすりながら、
「Nくん、なんで怖い顔しているのか教えて」　　　　　　　「それ、見たいの」

N之くんの気持ち
「あ、NくんはS奈ちゃんのもっている絵本が見たかったんだ。
一緒に見たかったの？」
「S奈ちゃん、Nくんは、一緒に見たかったんだって」

S奈ちゃん

　　　　　　　　　　　　　　　　「ダメなの。見ちゃダメなの」

S奈ちゃんの気持ち
「Nくん、S奈ちゃん、今はちょっと見てほしくないみたい。
一人で見たいのかなあ。だから、あとで一緒に見るのでもいい？」

　N之くんは一度は首を横に振るが、S奈ちゃんの様子を見てあきらめたのかうなずき、ブロックコーナーのほうに行った。

保育者

「なんでNくんが見ちゃダメだったの？」

S奈ちゃん

　　　　　　　「だって、S奈ちゃん一人で見たいの。N之くんが見たら、
　　　　　　　　　　　　　N之くんが絵本もっていっちゃうもん」
「そうだったのね」

S奈ちゃんの気持ち
「Nくん、絵本もっていかないと思うよ。だって、S奈ちゃんと一緒に見たいって
言ってたよ。でも、S奈ちゃんが一人で見たいのなら、Nくんに一人で見たいから、
そのあとなら見てもいいよ、それまで待ってねって言えるとよかったな」

　S奈ちゃんは気持ちが落ち着いたのか、小さくうなずいた。S奈ちゃんは一人でしばらく絵本を見たあと、保育者につき添われN之くんのところに行き「一緒に見てもいいよ」と伝えた。

Point　いざこざの場面は、他者の気持ちを理解するとともに自分の気持ちを確認し、それをどのように伝えたらよいのかを知る大事な機会でもあります。幼い子どもの場合、「いや」「だめ」という短い言葉の中で自分の思いを伝えようとしたり、言葉で伝わらないと実力行使に出たりします。保育者は子どもの思いを受け止めた上で、どのような言葉を使えば相手に自分の気持ちが伝わるのか等を伝えることが必要です。

指導法例5－②　自分の思いを言葉で表せるための援助（5歳児クラス）

5歳児クラスで劇遊びの発表をすることになった。配役決めの中で、トランプのハート役に女児の人気が殺到した。一方、ねずみの役を希望する子どもが少なく、人数のバランスがよくない。保育者は一度はこのままでやってもよいかとは思ったが、この問題を子どもたちがどう考えるのか、納得しながら進めていけるようにと、話し合いをすることにした。

子どもたち　「このままでもよい」、「ハート役はじゃんけんで勝った人がなればよい」、
　　　　　　「セリフのコンテストをやって上手な人がやればよい」

M美ちゃん　（ハート役をやりたがっていたが）「私、ねずみになってもいいよ」

S代ちゃん　「私も」（S代ちゃんも続く）

保育者　「M美ちゃんたち、本当にそれでいいの？　どうして？」

M美ちゃん　「本当はトランプのハート役がやりたかったけど、ねずみもおもしろそうって思ってきた。それに、ハート役ばかり多いと、ちょっと変かなあと思った」

S代ちゃん　「ハート役は好きだけど、M美ちゃんがねずみをやるなら一緒にやってもいい」

保育者　「S代ちゃん、自分がやりたい役をやったほうがいいと思うよ。M美ちゃんと同じにしなくてもいいと思うよ」

S代ちゃん　「うん。でも、ねずみ役にはM美ちゃんだけでなく、H子ちゃんもいるから楽しそう」

2人の子どもの思いを聞き、ほかの子どもたちもそれならと、H子ちゃんのほか、M美ちゃんとS代ちゃんの2人にもお願いしようということで納得した。保育者は「M美ちゃんたちクラスの劇のこと、いろいろと考えてくれてるんだね。楽しい劇になりそう」と言った。

Point　園生活は子どもたちとともにつくっていくものです。そのためには、保育者はさまざまな機会を通して、子どもたちに自分たちの生活について考えていける機会を保障することが重要です。そのために、自分たちの問題を話し合うということは大事な経験です。今回は、劇遊びの配役決めという機会を使い、保育者は子どもたちが自分たちの考えを友達に伝えたり、友達の考えを聞いて理解したりするとともに、そこから自分の考えにさらに思いをめぐらすことを大事にしました。5歳児クラスの後半くらいになると、子どもたちは他者の思いに気づいたり、クラス全体の雰囲気等を感じ取ったりしながら考えられるようになってきます。M美ちゃんの発言もそうした中で生まれたものでしょう。

しかし、こうした発言を保育者が過剰に促したり、期待したりすると、それはまた違う意味になります。子どもは保育者にほめてもらいたいという思いから、こうした発言をするようになるからです。また、S代ちゃんのように友達の意見に流されるような形で役を変更したように思える子どもに対しても、きちんと自分の考えと向き合い、それを言葉で伝える機会をつくることも大切です。こうした子どもの思いを受け止めながら、育ちの方向を見据えた援助を考えていくことが必要です。

Part 2　第3章　言葉を使うことで広がる世界の実践について学ぼう

　子どもたちの言葉の育ちは、外に表れてくる言葉だけでなく、考えたり理解したりする際に働く言葉、つまり、内言の育ちも見ていくことが必要です。しかし、内言そのものを確認することはできませんので、ここでは子どもの独り言に注目してみましょう。

　独り言は、ほとんどの場合、無意識に行われています。多くの場合は心の中にある思いや考え等が表出されていますので、内言のような役割をしていると考えられています。ヴィゴツキーは、「自己中心的な言葉は、その機能において内的な言葉である。それは内部に引っ込んでいく過程にある一人言であり、すでに周囲のものに半分しか分からないことばであり、子どもの行動の中にすでに深く内面化していることばである」[4]と述べています。

指導法例6−①　子どもの試行錯誤の時間を大切にする（4歳児クラス）

　S太くんは砂場にしゃがみ込み、器に砂や水を入れて遊んでいる。「これくらいか？　もう少し？　あー、ダメダメ、これじゃあ入れ過ぎだ」と手で砂や水の加減を調整しながら独り言を言っている。「あ、入れ過ぎだ、あー、どうする？　水出すか？　あーわかった、もう1個もってくればいいじゃん」と言い、用具置き場に走っていき、器をもう一つもってきた。

Point　子どもたちは考えながら遊び、遊びながら考えます。5歳に近くなると、自分でこうしたいとか、こんなものにしたい等のイメージをもちながら、ものづくりや描画表現等に取り組むようになります。しかし、子どもがイメージしたものやことと、現実に自分が生み出したものやことが同じであるとは限らないことも多く、子どもは理想と現実とのギャップに葛藤を感じたりもします。

　この事例で、S太くんは自分がイメージしたような配合で水と砂を混ぜたいようで

すが、上手に加減ができないようです。でも、悩んだり工夫したりしながら、自分のイメージ通りになるように一生懸命に取り組んでいることがS太くんの独り言からわかります。このような場面では、保育者は傍らで子どもの試行錯誤する様子を温かく見守ることが大事になるでしょう。むやみに声をかけたり、手伝ったり、アイディアを与えるのではなく、子どもがじっくりと向き合える時間を保障することが必要です。子どもたちが遊びを通して思考していく経験は、生涯の学びの基礎となる大事な力になります。

指導法例6−② 自己抑制しようとする心の中の会話を見守る（5歳児クラス）

R斗くん、J介くんは、数人の男児と遊んでいたが、どちらが隊長になるかで言い合いになった。昨日は、R斗くんが「オレ、隊長！」と言って隊長役になったので、今日はJ介くんがいち早く「今日は、オレ、隊長！」と言ったことにR斗くんが異議を唱えたのである。しかし、J介くんに「R斗だって、昨日はそう言って隊長になったじゃんか！」と言われてしまい、R斗くんは「やめる！」と言って場を離れ、ホールの隅に1人座り込んだ。

R斗くんは、「だって、隊長とかみんなで決めてないんだからさ。J介が隊長やるのはずるいよ」と誰に言うでもなく言っている。「俺だって隊長やりたいんだしさ。昨日は俺が隊長だったしさ。今日も隊長やりたいし。でも、J介と俺とで、隊長2人は変だし。でも、J介だけは、ずるいよ。本当は、みんな隊長やりたいんだからさ」とつぶやいている。

俺だって隊長やりたいんだしさ。でも、J介と俺とで、隊長2人は変だし。

Point　この時期の子どもたちは、葛藤したり迷ったりする場面になると、心の中のもう一人の自分と対話するような姿が見られます。心の中のもう一人の自分は、自分の内言でもあるといえます。ときに、もう一人の心の中の自分は、葛藤している自分の気持ちを聞いてくれたり、整理してくれたり、衝動的になりたい気持ちを制御してくれたりする役割を果たしてくれます。そのことによって、少し気持ちが落ち着いたりすることもあります。

『幼稚園教育要領解説』では「このような他者との関係の広がりは、同時に自我の形成の過程でもある。幼児期には、自我が芽生え、自己を表出することが中心の生活から、他者と関わり合う生活を通して、他者の存在を意識し、自己を抑制しようとする気持ちも生まれるようになり、自我の発達の基礎が築かれていく」[5]と述べられています。自我の発達の基礎にかかわる自己抑制しようとする気持ちの芽生えには、このような葛藤場面で、子どもが悩んだり考えたりする経験をしていくことが大事になります。その際、自分の気持ちを受け取ってくれたり、整理してくれたりする身近な大人がいることも重要ですが、大人と同じような役割をしてくれるもう一人の自分と向き合っているときには、温かく見守っていくことが重要になるでしょう。

　親しい人の間で交わされる言葉は、状況に埋め込まれた形で使われます。「あれ」「それ」「この間（あいだ）」等、同じ経験をともにしている者同士であればこうした言葉でも十分に伝わります。しかし、これは不特定の他者にわかる言葉にはなっていません。実習などで、はじめて会った3歳未満の子どもたちがおしゃべりをしてくれますが、実習生は何を言われているのかがわからないということがよくあります。それは、発音や文構造の未熟さの問題だけでなく、状況に依存した自己中心的な言葉が使用されているからです。子どもたちは、生活範囲を広げたり、人間関係を広げたりしていく中で状況に依存せずに、誰にでも伝わる言葉を少しずつ、獲得していくようになります。

指導法例7　クラス全体の発表の場での援助（5歳児クラス）

　5歳児クラスでは、帰りの会のときにみんなに話したいことを発表する時間をつくっている。
　保育者が「今日、みんなに話したいことある人いますか？」と言うと数人の子どもが手をあげた。「F香ちゃん、K男くん、M也くん、L美ちゃん、4人かな。じゃあ、順番にお話してもらうから、立ってお話してください。ほかのみんなは、よい耳で聞いてください。じゃあ、F香ちゃん、どうぞ」と言った。

● 保育者の援助による言葉のやりとり

保育者	子どもたち	F香ちゃん（発表者）
「では、F香ちゃんどうぞ」		「昨日、ご飯を食べに行きました」
「みんなでご飯を食べに行ったのね。誰と行きましたか？」		「パパとママとD太（弟）と、おじいちゃんとおばあちゃんです」
「パパとママと、弟のD太くん、そして、おじいちゃんとおばあちゃんと一緒に行ったのね」「F香ちゃんに聞きたいことある人いますか？」	B奈ちゃん「何をたべましたか？」	「焼肉です」
「焼肉を食べに行ったんだ。わー、いいなあ」	「俺も焼肉好き」「俺もいったことある」	
「焼肉、好きな人！」	多くの子どもが手をあげる。	
「では、次にY花ちゃん、質問してください」	Y花ちゃん「好きなものの何か……」	
「え？ 好きなもの？ 好きな食べ物ですか？」「F香ちゃんの好きな食べ物が聞きたいの？」	Y花ちゃん「うーん、焼肉食べたでしょ。そんときに、何が美味しかったか」	
「あー、わかった。焼肉食べに行ったときに、何が一番好き、つまり、おいしかったですかって聞きたいのかな？」	Y花ちゃん「そう」	
「じゃあ、焼肉食べたときに一番好きだったのは何ですか？　と聞いてみて」	「焼肉食べたときに一番好きだったのは何ですか？」	「カルビです」

Point みんなの前で発表する、行事の司会をするなどのときには、誰にでもわかるような言葉を使うことが必要になります。自己中心的な言葉では相手に何も伝わらないからです。保育者は子どもの発言を正しい言い方でさりげなく復唱してみたり、正しい伝え方ができる言葉やフレーズを提示し、それを子どもに復唱してもらうなどで、こうした言葉を使ってみる経験を提案しています。そのことにより、子どもたちは、

少しずつ、場面や状況にふさわしい言葉やフレーズを獲得していきます。先にも述べたように（本書 p.69 参照）、身近な人とのコミュニケーションに使用される言葉を「一次的ことば」、不特定多数の人にも伝わる言葉を「二次的ことば」と言い、「二次的ことば」は幼児期の後半くらいから少しずつ獲得していきます。

こうした言葉によるやりとりを子どもたちが経験することは、就学以降の教室内での会話（話したい人は手をあげる、指名されてから話す、誰にでもわかるように話す、誰かが話しているときには聞く、質問には答えを返す等）に少しずつ慣れていくことにもつながります。子どもなりの表現を大事にしていく姿勢とともに、こうした社会の中で求められる言葉の感覚を身につけられるような援助も大切にしましょう。

 Column 相手の立場に立って、言葉を使う

5～6歳くらいになると、自分の身を他者の立場に置き換えて考えることができたり、話をしたりすることができます。5歳児が3歳児に対して「ママに会いたくなっちゃったの？」「これ、ほしかったの？」などと声をかけたりする姿もその一つです。筆者が巡回保育相談等ではじめていく保育現場では、筆者に興味をもってくれた子どもが私の名前、どこから来たのか、なぜ来たのかなどの一連の質問をしたあとに、自分の名前や家族のこと、自分が好きなことなどを教えてくれたり、「あ、この子はね、さきちゃん、み・は・し・さ・きっていう名前なのね。この間、6歳になったんだよ～」など、友達のことを紹介してくれたりする姿が頻繁に見られます。たぶんこの人は園に来たばかりだから、知らないことが多いのだろうと私の立場に身を置いて、いろいろなことを教えてくれているのです。

このころの子どもの姿には「もしも、～だったら」というような言葉を使って、いろいろな立場に身を置きながら自由に多くのことを想像したり発想したりしている姿も見られます。こうした相手の立場に立って必要な言葉を使う経験は、学齢期への架け橋にもなります（本書 p.130、Column 参照）。

1 模擬保育を行ってみよう！

① 下記に記された背景を読み、Ａちゃん役、Ｂちゃん役、Ｃちゃん役、子どもたち役（1〜2人）、保育者役になって、この続きの話し合いをしてみよう。

【背景】4歳児クラス　11月

　　給食の時間は、好きな席に座って食べてよいことになっている。Ａちゃんがテーブルにつき用意をしていると、Ｂちゃんが来て「Ａちゃんのおとなりがいい」と自分の椅子をもってきた。Ａちゃんは「ここは、Ｃちゃんだよ。朝、一緒に食べる約束したから。Ｂちゃん、ここに来て」とＡちゃんは自分の真向かいの場所を指さす。Ｂちゃんは「いやだ。ここがいい」とＡちゃんのとなりに座ろうとする。「だって、Ｃちゃん、まだお支度してないよ。私のほうが先に来たんだからここ座りたい」とＢちゃんは言う。そこにＣちゃんがきて「あ、Ｂちゃんずるい。私がここだよ」といざこざがはじまる。まわりにいた子どもたちや保育者が何事かと近寄ってくる。

|Hint！| Ａちゃん、Ｂちゃん、Ｃちゃん、子ども役の人は自分の意見に固執するのではなく、ほかの人の意見や考えをよく聞きながら、それぞれの立場で発言をしてみよう。

|Hint！| 保育者役の人は、解決を急ぐのではなく、できるだけ子どもたちが多くの考えや気持ちを出せるように援助してみよう。

② グループワークを行ってみて感じたことや考えたことを書いてみよう。グループ内で発表し、意見交換してみよう。

2 指導案を作成して、模擬保育をしてみよう！

① 部分指導案を作成してみよう。

Step1：以下の子どもの姿を確認しておこう。

【子どもの姿】

　　5歳児クラスでは、運動会に開会の言葉（はじめの言葉）と閉会の言葉（おわりの言葉）を言うことになった。20人の子どもたちが半分ずつ開会と閉会に分かれて、1フレーズずつ担当する。今週末には、運動会の予行演習があり、はじめて全園児の前で発表することになっている。そのため、明日の帰りの会の中で、みんなで練習をしてみることにした。

Step2：この練習を含めた帰りの会の部分指導案を作成してみよう。

|Hint！| 5歳児の子どもたちが行事の中で、こうした役割を担うことが、子どもの経験や育ちにとってどのような意味があるのかを考え「ねらい」を立ててみよう。

|Hint！| きちんと言葉が言えるかどうかということではなく、ここでの経験が一人一人の子どもにとって意味のある経験になるような援助を考えて、指導案に記入してみよう。

例：

○○年　10月3日（水）　5歳児　そら組（男児10名　女児10名）　担任：平　さおり　印			
子どもの姿： 　運動会に向けて気持ちと体がよく動いている子どもと、緊張を感じている子どもがいる。開会や閉会の言葉、リレーや応援のダンス等は、友達と協力したり自分の役割を果たそうとする姿が見られる。		ねらい：自分の役割を果たし、友達と協力し合う心地よさを味わう。	
		内容：自分の役割を果たしながら、友達と協力し合って開会、閉会の言葉を言えるようになる。	
時　間	環境構成	予想される子どもの姿	保育者（実習生）の援助
13時30分	ピアノ 椅子を丸く並べる	帰りの支度をすませ、丸くなって着席する。 保育者（実習生）の話を聞く。 ・個々に運動会の予行をイメージする。 ・楽しみな気持ちをもつ子どもがいる。 ・緊張感を抱く子どもがいる。 ・保育者の話を聞いて、安心する。 ・はじめの言葉のチームが発表をする。 ・おわりの言葉のチームが発表をする。 ・お互いのチームのよかったところ、工夫したらよいところの意見を出し合う。 （〜以下省略〜）	・帰りの会をすることを伝え、子どもたちと椅子を丸く並べる。 ・週末の運動会の予行のことを伝える。 ・子どもたちが具体的に予行をイメージしながら、わくわくする気持ちで迎えられるような伝え方をする。 ・予行でははじめの言葉とおわりの言葉をみんなの前で発表することを伝える。 ・上手に言えるかどうかも大切だが、みんなで気持ちをそろえて言えることの大切さを伝えながら、言えなくなってしまった場合には助け合っていくことを伝える。 ・どのようなはじめの言葉だと小さい組の子どもたちも運動会がはじまることを楽しめるか考えながら言ってみようと伝える。 ・運動会が楽しかったと思えるためにはどのように言ったらよいのか考えながら言ってみることを伝える。 ・子どもたちが感じたことや考えたことを自由に発言できるような雰囲気づくりをする。 （〜以下省略〜）

② 作成した指導案をもとに模擬保育を行ってみよう。

> **Hint!** 個人差を検討するために、子どもの個性を想定してみよう。
>
> 　　例：・引っ込み思案で人前で発言することが苦手な子ども
> 　　　　・本番になると力が発揮できなくなる子ども
> 　　　　・人前で話すのが好きでほかの子どもの分まで話そうとしてしまう子ども
> 　　　　・照れ隠しのためにふざけたそぶりをする子ども　等

③ 行った模擬保育について、仲間同士で意見交換してみよう。

第4章 遊びの中で育つ言葉の実践について学ぼう

1. 人とかかわって遊ぶ

　子どもは、誕生して間もなく、人の声に反応したり、話しかける人のほうをじっと見つめたりします。生後3、4か月の子どもを大人が抱き上げ、ゆっくりと声を出しながら口の開け閉めをしたり、また舌の出し入れをするところを見せると、子どもも同じように口の開け閉めをしたり、舌を突き出したりすることがあります。この現象は「共鳴動作」と呼ばれ、コミュニケーションの基礎的な性質をもった行為であると考えられています。この時期の子どもは自分と相手という2つの存在の違いに気づいているわけでも、相手と自分の行動を意図して対応させているわけでもないのですが、それでもこうした行為が現れると、目の前で相手をしていた大人は、子どもが自分に応えてくれたという喜びであふれ、さらに積極的に子どもに働きかけたくなります。そしてさらに子どもはそれに応えるというように、互いの動作交換は繰り返されることになります。こうした行為が促進される状態はまさにコミュニケーションの基礎的な性質をもった行為といえるでしょう。

　また、互いに相手に合わせようとする様子はまるで一緒に遊んでいるようにも見えます。このようにして、人は生後間もないうちから、人とのかかわりを求めるようにして発達していきます。やがて、子どもは大好きな人を見つけると笑顔になったり、手足をバタバタと動かしたり、声を出したりして喜びを表すようになります。また、自分の意思や欲求を、声や喃語、身振りなどで伝えようとするようになり、積極的に意図をもった行為を示すようになります。周囲の大人はていねいに子どもの心を受け止め、目を見てやさしく

ほほえんだり、喃語を同じように繰り返したり、言葉にして返したりして、応答的にかかわりましょう。乳児期の子どもは特に、身近にいる特定の大人による愛情豊かで受容的・応答的なかかわりが大切です。こうした経験が積み重なることで、相手との間に愛着関係が形成され、人に対する基本的信頼感が育っていきます。

　保育の場においても、さまざまな場面において保育者の受容的・応答的なかかわりが求められます。

特に入園したばかりの子どもは、はじめての集団生活に戸惑い、不安を抱えている子どもが多くいます。保育者は、一人一人の子どもに寄り添い不安な気持ちを代弁するなどして、子どもの心を理解しようと努めることが重要です。子どもは保育者が自分の気持ちを理解し言語化してくれることに安心感と信頼感を抱き、少しずつ安定した園生活を送れるようになります。このとき心がけたいのは、遊びを通して関係性を築いていくことです。はじめは保育者と子どもが一対一で触れ合いながら穏やかに遊ぶ機会を設けましょう。そして少しずつ周囲の子どもも巻き込みながら遊んでみます。3歳を過ぎて入園してくる子どもも、言葉の発達は進んでいても、緊張から言葉が出てこないこともあります。保育者はそのような子どもの気持ちに寄り添い、緊張しないで遊べるようなかかわりを工夫する必要があります。

　また、園という場所は、家庭とは違い同年齢の子どもたちが多くいることが特徴です。家庭では、自分が遊びたいときに好きなおもちゃで遊べますし、自分の思いは常に保護者がくみ取り満足させてくれます。しかし、集団の場に入ると、大好きなおもちゃは誰かが使っていて貸してくれない、貸してほしくて泣いて訴えても相手はわかってくれない場合があります。そのような葛藤を何度も経験し、子どもは少しずつ自分の気持ちを相手に伝えようとしたり、相手の気持ちに気づいたりするようになります。そして少しずつ一緒に遊ぶことを楽しめるようになると、それぞれ自分が考えていることを伝え合ってイメージを共有して遊ぶこともできるようになります。もちろんお互いのイメージが違っていれば、「そうじゃない！」と言い合いになることもありますが、自分と相手はいつも同じことを考えているわけではないことを知り、ときには相手に譲ったり、ときには条件を提案して交渉したりと、互いに気持ちよく遊べる方法を考えるようになっていきます。

　自分の存在を伝えたい、人とつながりたい、人は生まれながらこうした欲求をもって生きています。保育者が子ども一人一人を大切に思い、愛情をもって応答的にかかわることで、子どもは「自分は大切にされるべき存在だ」と実感していきます。子どもはそのような自分に自信と誇りをもち、周囲に目を向け、人とのつながりを広げていこうとするのです。保育者は遊びの中で、子どもの気持ちを代弁したり、言葉を引き出したり、見守ったりしながら、人とつながる喜びや葛藤を経験できるよう援助していくことが大切です。

2．環境とかかわって遊ぶ

　子どもが人とつながることを喜ぶように、さまざまな環境にかかわることもまた子どもにとっての喜びといえます。そして、環境とかかわることは、人とかかわることと同じように、言葉の発達に大きな影響を及ぼします。乳児は、はう等の移動ができるようになると、視界が広がり行動範囲も一気に広がります。自分の興味があるものを見つけると、夢中でそこに向かっていき、それを手にとり、舐めてみたり、投げてみたりしながら、そのものの形状や性質を確かめようとします。こうした行為を見て、大人が「汚いから舐めな

いで」とか「投げてはいけません」などと制止ばかりするのはできれば控えたいものです。

　たとえば子どもがものを投げる行為は、遊びでもあり、実験でもあります。トマトを投げてみたら弾んで転がっていく、おにぎりを投げてみたら転がらずにバラバラになる……、こうして、ものの性質を学んでいるのです。そのようなとき大人は、叱るのではなく「投げたらもうないよ」と残念そうに知らせながら、「トマトさんコロコロどこかいっちゃったね」「おにぎりさんバラバラになっちゃったね」と言葉を添えてみましょう。「コロコロ」とか「バラバラ」という言葉は子どもも繰り返して言いやすい言葉です。残念そうな大人の顔を見ながら、「コロコロ？」「バラバラ？」と同じ言葉を返してくる子どもに、「そうよ、コロコロしちゃってもうないよ。トマトさんモグモグしてほしかったと思うよ」と伝えましょう。子どもは転がることを「コロコロ」と表現することを知るとともに、転がる形はどのようなものかを結び付けていきます。そして、「トマトさんモグモグしてほしかったと思うよ」と、大人が残念そうに受け止める姿を知ることで、少しずつ投げてはいけないと気づくことでしょう。そして、別の場面でその興味・関心を発揮できるようにしてみましょう。たとえばボールや粘土など、投げてもよいもの、投げても危険がないものを用意して、「コロコロ」「バラバラ」で遊んでみてください。そのとき大人も一緒になって楽しそうに遊ぶことで「これは投げてもいいんだ」とわかり、子どもも思い切り楽しむことができます。

　このようにして、大人は子どもが興味あることを常に敏感にとらえ、その興味を十分に満たすことができるような遊びの機会を設けるようにしましょう。ものは人と違って向こうから自分のほうへ働きかけてはきませんが、その分こちら側からの積極的な働きかけが促されるともいえます。"なぜだろう？""不思議だな"と思う気持ちを大切に育てていくことは、乳幼児期、児童期、その先もずっとさまざまな課題に自ら取り組もうとする学びの土台をつくることとなるでしょう。

3．直接体験を大切にする

　子どもは、直接体験が大切だといわれています。『幼稚園教育要領解説』には、「幼児期は、自然な生活の流れの中で直接的・具体的な体験を通して、人格形成の基礎を培う時期である」[1]と書かれています。子どもは、新しい発見をしたとき、魅力的な体験をしたときに、それを人に伝えたいと思います。そしてそこに気心が知れた大人や友達、そして話しやすい雰囲気があれば、子どもは魅力たっぷりに語りはじめるでしょう。言葉を話すようになった子どもが「聞いて聞いて」と大人にせがむ姿はよく見る光景だと思います。人に伝えたくなるような魅力ある体験は、次々と新たな意欲を引き出します。

　ある保育所の4歳児クラスで、保育者が絵本を読んでいたところ、その中で花火が出て

きました。読みおわったあと、本物の花火を見たことがあるか子どもに聞いてみたところ、半分くらいの子どもが見たことがないことを知りました。そこで、動画を見せて「これが花火だよ」と伝えましたが、その後、子どもたちに特別な反応はありませんでした。そこで、保育者たちは、その年の園主催の夏祭りで花火をすることを提案し、子どもたちに本物の花火を見せることを実現させました。当日、子どもたちは圧倒されたように暗闇に映える花火をじっと見つめていましたが、翌日になると「お誕生日ケーキのろうそくみたいなにおいだったよね！」とか、「火がシューってして、ちょっと怖かった！」等と興奮気味に感想を伝え合う姿が見られました。子どもにとって、いかに本物の体験が大切なのか痛感させられる出来事です。動画での疑似体験は、視覚と聴覚という最低限の情報しか得られませんが、直接的な体験は、そのとき一緒に居合わせた人との感情の共有なども合わさり、疑似体験とは比較にならないほどの多くの感覚を刺激します。こうした体験は、子どもの心に深く刻まれ、それを言葉や体で表現したいという思いにつながるのです。

　大人もついつい何でもインターネットで調べて解決してしまいますが、感性豊かな乳幼児期の子どもには特に、直接的な体験ができるように意識することが重要です。直接体験は、一言では言い表せない複雑な刺激を与え、それを説明するには多様な言葉が必要となります。つまり、豊かな経験は豊かな言葉を育てるといえるのです。

◀)) 保育実践のPoint❗

● 心が通い合う体験を大切にする

　子どもがなかなか自分の言葉で話そうとしないとき、「自分の言葉で話しなさい」と言って言葉を引き出そうとするのは逆効果です。言葉は無理矢理引き出すものではなく、心が通い合う体験を重ねることで発達していくものです。愛情豊かなかかわりを積み重ね、心が開放できることを優先しましょう。

● 遊びや生活の中の興味・関心をとらえる

　子どもは好きな絵本やアニメなどのセリフはすぐに覚えてしまいます。知らなかった言葉もあこがれのヒーローが使っていればすぐに使ってみたくなります。保育者は、遊びや生活の中で子どもがどのようなことに興味・関心を抱いているのかを常に意識し、子どもが言葉や文字を使ってみたくなるような環境を工夫することが大切です。

● 思考力、想像力の育ちを支える

　子どもは相手に伝えたいという気持ちが芽生えたとき、言葉で表現しようとします。保育者は見守ったり援助をしたりしながら、状況に応じた言葉を子ども自身が考え表現できるように支えましょう。また言葉を交わすことを通して、新たな思考に発展したり、相手の気持ちを想像したりできるような機会を意図的につくることも大切です。

子どもは、1歳前後から見立て遊びをはじめ、年齢が上がるにつれて、そのイメージを周囲の人に伝えながら遊ぶことを楽しむようになります。イメージができる、またそれを他者と共有できるということは、創造性、社会性の育ちの第一歩です。イメージして遊ぶことを楽しむ実践の様子を見てみましょう。

指導法例8−①　まねっこして遊ぶ　「はいどうぞ」（1歳児クラス）

1番に登園してきたY実ちゃん（1歳8か月）は昨日までなかった保育者手づくりのかばのおもちゃに興味津々である。「見て見て！」と言わんばかりに指をさし新しい仲間がいることを保育者に伝える。そんなY実ちゃんを前に早速、保育者は「はいどうぞ」と言ってりんごに見立てた赤いボールをかばの口に入れてみる。そして続けて「むしゃむしゃむしゃ」とかばの声を演じる。Y実ちゃんは少し驚いたようにその様子をじっと見つめる。保育者はもう1度ボールを手に取り、「はいどうぞ」と言ってかばの口にボールを入れ「むしゃむしゃむしゃ」と言ったあと、今度は「もっと食べたいよー」と言う。「かばさんおなかすいてるみたい。Yちゃんもはいどうぞしてみる？」とボールを手渡す。Y実ちゃんは、目を輝かせながら「あい！どーぞっ！」と言ってボールをかばの口に入れる。保育者はすかさず「むしゃむしゃむしゃ」と反応を返す。自分があげたりんごを食べてくれたことがうれしくて、保育者と顔を見合わせて興奮気味に跳びはねる。Y実ちゃんはその後、何度も「はいどうぞ」「むしゃむしゃむしゃ」のやりとりを楽しんだ。

Point　1歳前後になると、子どもはイメージして遊ぶことを楽しめるようになります。保育者はそのときどきの子どもの経験していること、また興味・関心をとらえて、それを遊びの中に取り入れていくことが求められます。事例の1歳児クラスでは、食べることに興味を示す子どもが増えはじめていました。給食の際には、保育者が「これはりんご、あまくておいしいね」と食材の名前を知らせながらおいしさを共有すると、「りんご！　りんご！」と声をあげ、もっと食べたいことを伝えてくる子どもの姿が見られるようになっていました。そして、"少しずつ自分で食べてみたい！"という気持ちも生まれてきていました。保育者はそのような子どもの様子から、この手づくりおもちゃを発想しました。そうして用意された「かばのおもちゃ」は保育者の想定の通り、Y実ちゃんの心をつかんだようです。これまで保護者や保育者が食事を口に運んでくれたときのように、かばの口にりんごを入れる行為は、Y実ちゃんにとってとても魅力的で、「むしゃむしゃむしゃ」という反応は、その楽しさをより高めています。そして「はいどうぞ」「むしゃむしゃむしゃ」というリズミカルなやりとりがおもしろく、Y実ちゃんはその後、何度も繰り返し遊ぶ姿が見られました。

指導法例8-② つくって遊ぶ ── 商店街ごっこ（5歳児クラス）

E美ちゃんのデザイン

　大きくなったらファッションデザイナーになりたいE美ちゃん。毎日のように自由画帳に自分でデザインした洋服の絵を描いている。それを見ていた保育者は、A5サイズほどの用紙をたくさん用意し、「これも使っていいよ」とE美ちゃんに伝える。すると、E美ちゃんはその用紙に早速、洋服の絵を描き、今度はそれを机に並べはじめる。

洋服屋「アーボースティック」のポスターづくり

　それはそのうち洋服屋さんへと発展していく。洋服屋さんの名前は「アーボースティック」。E美ちゃんが自ら考えたおしゃれな店名はすぐに広まり店員になりたい仲間が次々と増えていく。何名か人数が揃うと、オープン日を知らせるポスターをつくることになる。店員たちはお店の名前とオープンの日時を書いたポスターを園中に貼り出すことにする。

いろいろな名前のお店が集まって「すみれぐみ商店街」へ

　いよいよやってきたオープン当日、お店は大盛況、同じクラスの子どもはもちろん、3歳児、4歳児のクラスの子どもたちも保育者と一緒に来店する。そんな様子を見ていたE美ちゃんのクラスの子どもたち、今度は自分もお店を開きたいと言い出す。保育者は模造紙を壁に貼り、オープンを決めた子どもはそこにお店の名前を記入していくよう提案する。お店の名前は、「スターバーガー」「あずさ銀行」

「音楽の森（ピアノ教室）」などさまざまである。そしてこれらをまとめて「すみれぐみ商店街」と名づけることとなる。園の近くには実際に商店街があり、そこにはハンバーガーショップ、銀行、保険代理店等があり、それらからヒントを得て、名づけたのだろう。子どもたちは、画用紙や廃材を使って、イメージするお店を次々生み出していき、商品はもちろん、値札をつくったり、お金をつくったり、ポイントカードをつくるお店も現れ、遊びはしばらく続いた。

Point　この事例では、E美ちゃんに四角に切った用紙を渡すことで遊びが広がっていきます。保育者は紙が綴られているスケッチブックではE美ちゃんの絵がほかの子どもの目に留まらないと考え、机に並べることで遊びが発展するようきっかけをつくりました。しかしその先は、子どもたちによって遊びが展開され、5歳児ならではの“遊ぶ力”を発揮しています。この遊びがここまで盛り上がったきっかけは、E美ちゃんの工夫をこらした洋服の絵とともに、E美ちゃんが考えた「アーボースティック」という店名ではないでしょうか。E美ちゃんをきっかけに、店名を考えるということがこの遊びの一つのポイントとなっています。いかに本物らしく、お客さんが来たいと思えるお店の名前にするか、それが店名決定の際の共通意識として広がっています。また、この遊びの中で文字や数字を書く機会がありますが、子どもたちは実際の商店街の看板や、お店のチラシなどを見ながら見よう見まねで書いています。この事例からは、子どもが遊びを通してさまざまなことを学び取っていく様子がわかります。

　子どもたちは、日々さまざまな言葉をやりとりしながら遊びを繰り広げています。言葉は、遊びが展開するための重要なツールでもあり、自分や相手の見えない気持ちに気づくきっかけを担うこともあります。遊びの中で子どもたちが自分なりの言葉で話す様子を見てみましょう。

指導法例9-①　クラス全体で遊びを共有する ── クイズで遊ぶ（4歳児クラス）

　この園では週4回、自宅からお弁当を持参している。4歳児クラスのお弁当の時間。お弁当を用意する時間にはやっている遊びがある。デザート（果物）の容器を振りながら、「なーにが入ってるか！」と言ってクイズを出す遊びである。振ることで中の果物が容器にぶつかりその音がヒントとなる。すぐに答えが出ない場合には、「ヒントは3文字です」や「ヒントは最初に『り』がつきます」などとヒントを出す。子どもたちはこのクイズのために、家に帰ると「明日はバナナにして！」などと保護者にリクエストをしているそうだ。いちご、りんご、キウイなどの定番の果物のほか、ほおずき、きんかんなど、その季節ならではのめずらしい果物を持参する子どももいて、子どもたちは興味津々である。

Point　4歳児くらいになると、言葉が文字によって表されることを理解しはじめます。このころの子どもは、絵本の文字を読んだり、手紙を書いたりして、積極的に文字の読み書きをしようとする姿が見られます。この事例では、文字の読み書きをしているわけではありませんが、出題者の子どもが「ヒントは3文字です」や「ヒントは最初に『り』がつきます」などと言い、言葉を文字として理解していることがわかります。ただし、文字の理解は個人差があり、このクラスでも全員が文字を読んだり書いたりできるわけではありません。そのようなことを踏まえ、保育者はクラス全員が集まる帰りの会などの時間に、子どもたちに「今日のデザート」をインタビューしてホワイトボードに書き出すなどして、昼食時の遊びを振り返る場面をつくると、文字に関心がなかった子どもも徐々に関心を抱くようになるかもしれません。保育者が、子ども同士の遊びをクラス全体で共有することは、遊びが発展したり、子どもが新しいことに興味をもったりするきっかけになることもありますので、意識して取り入れてみるとよいでしょう。また、この事例で子どもが経験しているのは、文字への興味だけに限りません。友達が持参する果物から、旬の果物や、知らない果物を知るきっかけにもつながっています。また、「なーにがはいってるか！」のリズムを刻むことも、音楽的な表現遊びの一つといえるでしょう。このようにして、子どもは友達の影響を受けながら、遊びを通して新しい知識の獲得や、表現すること、伝え合うことの楽しさを経験しています。

D介くんの悔しい気持ち

　砂場で山づくりをして遊んでいた4人の男児。その山には橋やトンネルもあり、みんなで協力してつくった大作である。しかし、片づけの時間になりその山を壊すことになったとき、たまたまその場を離れていたD介くんは、その瞬間に立ちあえずショックを受ける。「最後にもう一度見たかった！　壊すよって教えてほしかった！」と今にも泣きそうに訴えるD介くんと、「だって片づけの時間になっちゃったから仕方ないじゃん！　どこにいるかわからなかったんだよ！」と言う3人。

　そんな言い合いをしているところに保育者が通りかかる。1人対3人という孤独感と、悪気はなかった相手へのやるせない思いがD介くんの心を締めつけていることを保育者もひしひしと感じながら、しばらく双方の言い合いを黙って聞く。話し合いは平行線をたどり一向に解決の兆しが見えないため、保育者はそのとき偶然近くにいたH太くんに「ちょっとD介くんの話を聞いてあげてほしいな」ともちかけてみる。H太くんとD介くんは気の合う親友である。

共感してくれた友達の言葉、友達の言葉から知る自分の気持ち

　H太くんは一通りD介くんの話を聞くとこんなことを言う。「さようならしたら俺のところにおいで！　もう1回一緒につくろうよ」。それを聞いたD介くんはこらえきれなくなり、わっと泣き出す。保育者が「どうしたの？　D介くん」と言うと、H太くんが「感動したんじゃない？」と言う。するとD介くんは大きくうなずく。日ごろ、悲しくて泣くこと、悔しくて泣くことが多い子どもたちであるが、うれしくて泣くという感情が「感動する」ということだと身をもって経験した出来事である。

Point　5歳児くらいになると、相手と同じ気持ち、違う気持ちにも気づくようになります。事例の4人の男児も、自分の気持ちを一生懸命相手に伝えようとしています。保育者は双方の言い合いを聞きながら、どちらかが謝ることで解決するものではないと考えました。「ごめんね」と言えばよいかもしれませんが、子どもたちの気持ちはそれほど単純なものではありません。悔しい思い、悪気がないことを理解してほしいという思い、それぞれ気持ちをぶつけ合うことで、どこかで自分の気持ちに折り合いをつける瞬間を見つけてほしいと保育者は思っていました。事例ではH太くんという第三者の登場で、D介くんは事の経緯と自分の気持ちを話しました。そして、H太くんは黙ってその話を聞き、D介くんの気持ちに共感して「もう1回一緒につくろう」と提案しました。D介くんは泣き出してしまいましたが、その気持ちをH太くんは「感動する」という言葉で表しました。もしかしたら、H太くんが「感動する」という言葉を使ったことによって、D介くんは「自分は感動したのだ」と知ったのかもしれません。D介くんは泣いていますが、表情は晴れやかでした。感情を言葉で表すことによって自分の気持ちに気づき、整理がつくこともあるのだと教えてくれるエピソードです。

実　践　10　クラスで共有して伝え合う

　保育という集団の場において、まず保育者は子ども一人一人との応答的な関係を築くことを大切にします。そうした関係が成り立ってくると、子どもたちはそこに自分の居場所を確立し、安心して自分を表すようになっていきます。ここでは、クラスという集団の中で子ども同士が思いを共有し言葉で伝え合う様子を見てみましょう。

指導法例10-①　出席をとる時間も楽しみの一つに（3歳児クラス）

　この園では、朝登園するとクラス全員が集まり全員の名前を呼んで出席を取っている。欠席の子どもがいると、保育者は必ず「〇〇ちゃん今日はお休みで寂しいね。早く元気になるといいね」などと言って、クラスの一人一人の子どもの存在を感じられるようにしている。子ども同士、名前も顔もしっかり認識できるようになった9月ころ、保育者は少しずつ名前の呼び方に変化をつけてみることにした。

口の動きだけで呼ぶ

　声を出さないで口の動きだけで名前を呼んでみる。保育者の口の動きを集中してみる子どもたち。苗字の3文字目くらいですぐに答えがわかってしまう子どももいる。

逆さまに呼ぶ

　名前を逆さまにして呼んでみる。はじめはむずかしくてすぐに答えられる子どもはいなかったが、何日かそれを繰り返すと、いつのまにかすぐにわかるようになっている。逆さまに呼ぶことで外国の名前のようになるのがおもしろくて「今日も逆さまで呼んでー！」と言うほどだ。

友達の名前を呼ぶ

　輪になって座り、子ども自身がとなりに座る友達の名前を呼ぶことにしてみる。少し照れくさそうにしながらも友達に呼ばれることがうれしそうである。

　名前を呼ぶ行為を通して、言葉のおもしろさに気づいたり、仲間意識を感じたりしている。

Point　出席をとるという行為は、ただ出欠席の確認をするためだけに行うものではありません。名前を呼びながら、保育者が子どもの体調の変化などを確認することはもちろん、子どもにとっても自分の名前を呼ばれるということは、自分の存在が認められた実感を伴い、とてもうれしいものです。入園や進級したての子どもは、緊張で名前を呼ばれても返事ができないこともあります。保育者は子どもに無理に返事をすることを求めず、笑顔で目を合わせ「今日も会えてうれしい」という気持ちを伝えましょう。また、欠席した子どもがいた場合には、保育者は体調を案ずる気持ちを言葉にすることで、子どもたちの中にも他者を気づかう気持ちが生まれていきます。これらの繰り返しが、自分がクラスの中の一員であること、自分の居場所がここにあることの安心感につながっていきます。出席をとる時間を工夫することで、子どもたちは楽しく安心した気持ちで一日のスタートが切れるでしょう。

自分の思いを伝える ── ダンゴムシ会議（5歳児クラス）

　夏になり、子どもたちは園庭でのダンゴムシ探しに夢中である。中には虫かごにダンゴムシを入れて保育室で飼おうとする子どももいる。はじめは湿った土を入れたり石を入れたりして、世話をする様子も見られるが、いつの間にか飽きてそのまま干からびてしまうこともよくあった。そんなある日、ダンゴムシの無残な様子を見かねたM子ちゃんが「クラスのみんなに言いたいことがある」と保育者に言いに来て、次のように話した。「ダンゴムシは飼わないほうがいいと思うの」。M子ちゃんの発言を受け、保育者は翌日から「ダンゴムシ会議」と名づけて、話し合いをすることを提案する。

子どもたちのダンゴムシ会議

「ダンゴムシは飼わないほうがいいと思うの」（M子ちゃん）

● 飼ったほうがいいと思う理由
　遊んでほしいと思うから。かわいいから。ぬいぐるみと違って自分で動くのがかわいいから。外にいたら津波で流されちゃうかもしれないから。

● 飼わないほうがいいと思う理由
　お母さんと離れ離れになっちゃうから。虫かごは狭くてかわいそうだから。食べたい食べ物が食べられないから。

　「ダンゴムシ会議」は数日に渡った。結局、ダンゴムシを飼うべきか飼わざるべきか、意見は一つにまとまることはなかったが、命について真剣に向き合った経験は子どもたちの中で大きな意味があったに違いない。

Point　この事例は、M子ちゃんがクラスの子どもたちに問題提起をしたところからはじまりました。M子ちゃんの発言を受け、子どもたちの意見が次々にあがったため、保育者は「ダンゴムシ会議」と名前をつけて、翌日以降に続きをすることを提案しました。子どもたちは「会議」という名称に改まった雰囲気を感じ、いつもより背筋がぴんと伸びているようでした。子どもたちはダンゴムシという身近な存在に思いを寄せ、自分なりの言葉で考えを出し合い、人の意見を聞きました。話し合いの中では、「○○ちゃんの意見に似てるんだけど……」などと、人の意見をよく聞いて自分の考えに照らしている姿もありました。また、当時東日本の大震災の直後だったこともあり、「津波で流されちゃうから守ってあげたほうがいい」という意見も出て、子どもは自分の知る情報を駆使して、真剣に意見を伝えようとしていました。この事例では、保育者はファシリテーター（発言内容を整理して話し合いを円滑に進行する役の人）になり、子どもたちの意見を聞く役目になりました。子どもたちは、「ダンゴムシ会議」を通して、みんなが同じ意見ではないこと、一人一人の意見を聞くことで新たな発見につながることを学びました。何気ない子どもの疑問や意見を、保育者が大切に取り上げることで子どもは自分の考えを伝えることに喜びを感じることができるでしょう。

Active Learning !

1 「言葉遊び」の楽しさを子どもに伝えよう！

① 子どもが楽しめる「言葉遊び」を思いつく限りあげてみよう。

Hint! 0歳〜5歳まで、幅広い年齢を対象にした遊びをあげてみる。

② ①をグループで共有しよう。

Hint! どのような遊びなのかグループの人に伝わるように説明する。また、実際に遊んでみて子どもにとってどのような点が楽しいのか、またどのような点がむずかしいのかを考えてみる。

③ 共有した「言葉遊び」についてグループで話し合い、遊びの対象年齢と遊ぶ際の工夫や配慮点を検討しよう。

Hint! ②で話し合ったことをもとに、例にならって、子どもが楽しむことができるような工夫や配慮点をまとめてみる。言葉の発達は個人差が大きいことを踏まえ、さまざまな子どもがいることを想定して検討する。

例

遊び名	対象年齢	工夫・配慮点
しりとり	3・4・5歳	3歳…「り・ん・ごの最後は？『ご』だね。『ご』からはじまる言葉はなーんだ？」と理解できるように繰り返しながらゆっくりと話すようにする。答えられない子どもには途中まで保育者がヒントを出すなどして、発言することへの達成感を味わえるようにする。 4歳…焦らずに一人一人のペースで答えられるように、周囲の子どもがせかすことのないよう配慮する。新しい言葉が出てきたときには、ともに喜び、異なる言葉を考えることが楽しいと思えるようにする。 5歳…すでに出てきた言葉を使わないことにする、出てきた言葉を追加しながら答える（「りんご・ゴリラ・ラッパ」）など、難易度を少しずつ上げるなどして遊びが発展するようにする。保育者も一緒に参加し、少しむずかしい言葉を取り入れるなどして新しい言葉に出会える機会とする。

2 子どものごっこ遊びをのぞいてみよう！

① 遊びのはじまり方に着目しよう。

> **Hint！** 「○○ごっこしよう！」と誘うところからはじまっているのか、それとも遊びながらイメージを共有しているのか観察してみよう。

② 役割分担はどのように決めているのか着目しよう。

> **Hint！** それぞれ自分のやりたい役ができているか、なりたい役が重なった場合、どのように解決しているのかなどを観察してみよう。

③ 子ども同士、イメージの共有をどのように図っているのか着目しよう。

> **Hint！** 言葉で伝えているのだとしたら、どのように伝えているのか、言葉以外で伝えているのだとしたら、どのような方法で伝えているのかを観察してみよう。

④ 遊びの発展に着目しよう。

> **Hint！** 遊びの方向性が変わる瞬間、また新しい展開になるきっかけは何だったのかを観察してみよう。

⑤ 遊びのおわり方に着目しよう。

> **Hint！** 何がきっかけで遊びがおわるのだろうか。片づけの時間になったからなのか、ほかの遊びに切り替わったからなのか。そしてそのときの子どもの様子を観察してみよう。

⑥ ①～⑤をまとめ、エピソード記録を書き、考察してみよう。

3 図形やイラストを言葉だけで伝達しよう！

① グループに分かれ、役割分担をしよう。

> **Hint！** 1グループ3人となり、その中で、お題を考える人（A）、伝達する人（B）、回答する人（C）に分かれる。

② Aはお題になる図形またはイラストを描いて、Bに渡そう。

> **Hint！** できるだけ抽象的な図形の組み合わせなどからはじめる。

③ Bはお題を見て、その図形の形や配置を言葉のみでCに説明し、Cがお題通りに描けるようにしよう。

> **Hint！** Bは紙に対する図形のサイズや、図形同士の交わり方などできるだけ詳細にCに伝達する。

> **Hint！** Cはお題の紙を見ずに、Bの説明だけを頼りに図形を描く。CはBに質問してもよい。

④ Cが描きおわったら、正解と見比べて感想を伝え合おう。

> **Hint！** A・B・Cそれぞれの視点から感想を伝え合う。言葉で伝えることのむずかしさはどこにあるか、話し合ってみよう。

言葉にかかわるさまざまな
文化財について学ぼう

1．児童文化財と領域「言葉」

　「児童文化財」とは、「主に大人が子どものために用意する文化財」を指し、具体的には「玩具・遊具、遊び、お話、本（絵本・児童文学）、紙芝居、児童劇、人形劇、指人形、影絵、パネルシアター、ペープサート、映画、テレビ、音楽、歌」などがあげられます[1]。大人が子どものために用意したというと、大人が子どものために一方的に与えるもののようにとらえられがちですが、「子どもは児童文化財の主体者」[2]であるという考え方が重要です。子どもがさまざまな児童文化財に出会うことでもっとも大切なことは、心からワクワクする経験（センス・オブ・ワンダー：自然などに触れ、その不思議さに驚いたり感動したりする感性）であり、大人はその機会を積極的につくっていくことが求められます。

　保育指針「第2章　保育の内容」「2　1歳以上3歳未満児の保育に関わるねらい及び内容」領域「言葉」のねらいには、「③絵本や物語等に親しむとともに、言葉のやり取りを通じて身近な人と気持ちを通わせる」とあります。また、「3　3歳以上児の保育に関するねらい及び内容」の領域「言葉」のねらいには、「③日常生活に必要な言葉が分かるようになるとともに、絵本や物語などに親しみ、言葉に対する感覚を豊かにし、保育士等や友達と心を通わせる」と書かれています。さらに「第1章　総則」「4　幼児教育を行う施設として共有すべき事項」「（2）幼児期の終わりまでに育ってほしい姿」の「ケ　言葉による伝え合い」においても、「保育士等や友達と心を通わせる中で、絵本や物語などに親しみながら、豊かな言葉や表現を身に付け、経験したことや考えたことなどを言葉で伝えたり、相手の話を注意して聞いたりし、言葉による伝え合いを楽しむようになる」ことをあげています。これらから子どもが絵本や物語などの児童文化財に出会うことの意義とは、絵本や物語などを通して言葉に親しみ、感覚を豊かにすること、そしてそうした経験を通して、他者と心を通わせることの喜びを感じることであるといえます。子どもは絵本や物語をはじめとした児童文化財に親しむ中で、言葉の楽しさ、美しさに心動かされて、気に入った言葉を繰り返したり、楽しかった場面について友達と感想を伝え合ったりします。ワクワクするような児童文化財との出会いは、子どもの発達において重要で必要な体験であることがわかります。ここでは、領域「言葉」との関連も深い「絵本・紙芝居」「伝承遊び」「劇遊び」を取り上げ解説していきます。

2．言葉にかかわる児童文化財

（1）絵本・紙芝居とは

　絵本は、保育の場においてもっとも親しまれている文化財といえるでしょう。保育者は、季節感を味わえるもの、その時期の子どもの遊びや生活に関連のあるもの、子どもの想像力を掻き立てるもの、科学の心が芽生えるようなものなど、子どもがあらゆるジャンルの絵本に出会えるようにすることが大切です。

　絵本を通して育ちゆく具体的な姿としては、① 相手が伝えようとしている内容に注意を向けたり、理解しようとしたりする、② 新たな世界や情報に対して興味・関心をもったり、自分なりに考えようとしたりする、③ 想像上の世界をイメージすることを楽しむ、④ さまざまな言葉や表現を身につけ、言葉の楽しさや美しさを味わう、⑤ 心の交流を通じて、友達や保育者とつながりや一体感が生まれる、⑥ 友達と一緒に声に出して表現することを楽しむ等、があげられます。

　紙芝居も、保育の場で親しまれる文化財として代表的なものですが、紙芝居はもともと集団を対象にして読むことを想定されてつくられていますので、絵本よりもさらに、読み手と子ども、また子ども同士の一体感が生まれやすいといえます。「芝居」というだけに、読み手に演じることが求められるので、声色や間、抜き方などの演出を工夫する必要があります。また、読み手と鑑賞する者が、かけ合いを楽しみながら交流できるものも多くありますので、紙芝居を通して子どもたちとコミュニケーションを楽しむことができるでしょう。

---

① 読み手の後ろに気が散るものがないようにする
　子どもの視線の先に太陽が差し込んでいたり人が行き交う廊下などがあると、見づらかったり集中できなかったりします。読み手の後ろは壁かカーテンがよいでしょう。

② 全員が見えるところに座っているか確認してから読みはじめる
　低年齢児であれば見える場所に座れるように椅子の位置等を工夫します。自分で考えられる年齢であれば事前に見えるところに移動するように伝えてからはじめます。

③ 絵本や紙芝居の高さ、角度に気をつける
　絵本や紙芝居の画面が上向きになっていると蛍光灯に反射して絵が見えにくいことがあります。子どもより少し高い位置に座り（立ち）、画面を少し下向きにもつと光らずに見やすいです。

図表 5-1　絵本・紙芝居を読む環境

（2）伝承遊びとは

　伝承遊びといって思い浮かべるものは何でしょうか。お手玉、めんこ、ベーゴマなど、

昔の子どもが遊んでいた遊びでしょうか。小川清実は、伝承遊びの定義として次のように述べています。「第1に、これまでさまざまな文献に登場する遊び、もはや実際に子どもには遊ばれなくなってしまったかもしれない、大人の思い出になっているような遊び（かつて伝承されていた遊び）、第2に、昔の子どもも遊んでいて、現在の子どもも遊んでいる遊び（現在も伝承されている遊び）、第3に、これまでは見られなかった遊びであるが、まさに現在、子どもが遊んでいる遊び、そしてこれから遊ばれ続けていくかもしれない遊び（新しく起こり、これから伝承されていく可能性の高い遊び）、これらをすべて『伝承遊び』と呼んでいきたいと考えます」[3]。つまり、伝承遊びとは、過去から現在、そして未来にかけて子どもたちが夢中になって遊ぶ遊びを指していることになります。そのような中で私たち保育者は、子どもたちが脈々と紡いでいく遊びの歴史を見守る役目でもあり、子どもの遊びを過去から受け継ぎ、未来へと引き継ぐ役目の一端を担っているといえます。

　保育者は、子どもたちと一緒に、新しいルールをつくったり、新たな遊びを発明したりしながら、固定観念に縛られずに遊びを楽しむ気持ちでいるとよいでしょう。今ここにいる子どもがつくり出した遊びは、いずれ未来の子どもに伝承されているかもしれません。

第1 大人の思い出になっているような遊び	第2 昔の子どもも遊んでいて、現在の子どもも遊んでいる遊び	第3 まさに現在、子どもが遊んでいる遊び
めんこ、お手玉など	かくれんぼなど	電子レンジ鬼[※] など

※ 鬼にタッチされたら、氷のように体が固まり動けなくなる鬼ごっこ。固まった体を仲間が電子レンジでチンすることで溶かすことができる。「助け鬼」の一種。

図表5-2　伝承遊びの一例

（3）劇遊びとは

　劇遊びとは、「子どもが生活の中で体験したことや、気になる話やエピソード、テレビなどで見たこと・感じたことを、保育者といっしょになって劇的に遊ぶこと」[4] を言います。子どもたちが自分以外の何者かになりきる達人であることは、子どもと接したことがある人であれば誰もが知っていることでしょう。園庭では、おうちごっこ、お店屋さんごっこ、ヒーローごっこなど、さまざまなごっこ遊びが日常的に繰り広げられています。

　劇遊びとは、そうした子どもたちのごっこ遊びの延長線上にあり、保育者が参加することで、遊びの筋道を立て、イメージを具体化することで、表現の深化が促されるものといえます。花輪充は、「保育者の円滑な関わりの下、子ども自身が自らの発想と方法でもっ

て、動作や言葉を創造し、思う存分自己発揮していくことに劇遊びの意義がある」[5]と述べています。劇遊びと聞いて、発表会などの行事に向けて、子どもたちに練習を強いるイメージをもつ人もいるかもしれません。しかし、「劇遊び」とは、ごっこ遊びの延長であり、自由な発想で遊ぶ子どもたちの姿に、保育者が寄り添いながらイメージの共有を図ったり、方向性を整理したりして遊ぶものと考えてほしいと思います。その際、大切なのは、保育者のイメージに子どもを近づけるのではなく、保育者が子どものイメージに近づいていくということです。図5-3は、日常の手遊びから劇遊びへと発展していく様子を表した保育のウェブ記録です。

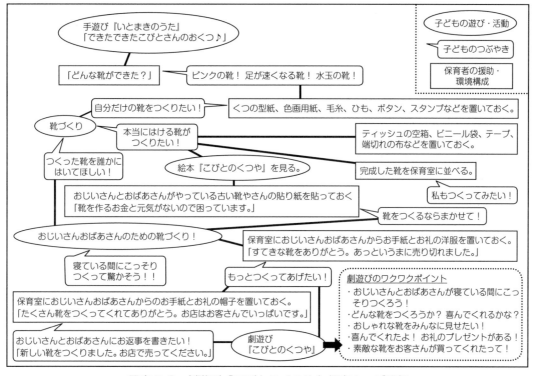

図表5-3　劇遊び「こびとのくつや」保育ウェブ記録

🔊 保育実践の Point ❗

● 客観的に自分を振り返り、実践の技術を上げる

　児童文化財には、手遊び、絵本、紙芝居、素話、ペープサート、パネルシアター、エプロンシアター、人形劇、劇遊び、伝承遊びなどがあり、実践には保育者の表現力も求められます。練習するときは、自分自身の実践を鏡で見たり、動画で撮影してみたりすると客観的に自分の姿を見ることができて技術の向上につながります。

● 子どもを静かにさせるためのものではなく、楽しむためのものであることを理解する

　児童文化財とは、子どもが楽しむことを目的につくられたもので、子どもを集中させるため、静かにさせるため、時間つなぎのために行うものではありません。子どもとともに保育者が遊び心をもって楽しむようにしましょう。

手遊びと絵本といえば、保育学生が実習で一番はじめに経験することの一つではないでしょうか。手遊びも絵本も、子どもがその題材のどのようなところに楽しさを感じるだろうかと思いを馳せることが重要です。そして、そのポイントが十分伝わるような表現力と技術が必要です。何度も練習をして緊張しないで楽しめる余裕をもちましょう。ここでは子どもと保育者がともに楽しんでいることがわかる実践を見てみましょう。

指導法例 11−① 手遊びで喜びを共感し合う（1〜2歳児クラス）

2歳児クラスでは、毎日さまざまな手遊びを楽しんでいる。最近子どもたちがお気に入りの手遊びは「わにのかぞく」である。「わにのおとうさん わにのおとうさん おくちをあけてぱかっ！ おひげをじょりじょり おひげをじょりじょり およいでいます」という手遊びで、おかあさん、おにいさん、おねえさん、あかちゃんと5番まで続く。子どもが特に大好きなポイントは「おくちをあけて……ぱかっ！」の部分である。この歌詞は1番〜5番まで共通で、保育者は、この「……」の部分に遊び心を込める。あえて「……」と間をとって子どもたち全員と目を見合わせる。子どもたちはきっとやってくるであろう「ぱかっ！」に期待いっぱいの表情で保育者をじっと見つめる。保育室には息を飲むような静まり返った空気が流れる。そして、ついにやってきた「ぱかっ！」で子どもたちは笑い転げるのである。さらに保育者は毎回「ぱかっ！」の声色を変えるので、そのたびに子どもたちは期待を裏切られたように大笑いをする。そのような子どもたちの姿を見て保育者も子どもと一緒に笑い合い、楽しい時間が流れる。

Point　手遊びは、場所や時間を選ばず、道具がなくても楽しめるので、多くの保育の場で親しまれています。子どもたちは手遊びがはじまるとキラキラとした表情で保育者を見つめ、一緒にうたったり体を動かしたりしてコミュニケーションを楽しみます。しかし、一部では、手遊びを時間つなぎと考える保育者も少なくないのが現状といえます。時計を見ながら、準備のできていない子どもに目で合図を送りながら……まるで心ここにあらずの状態で手遊びをする保育者を見たことがあるのではないでしょうか。手遊びは子どもと目を合わせて、言葉、体の動き、音、リズム、そして心を合わせていくことに魅力があります。事例の「わにの家族」の手遊びでは、「お口をあけて……ぱかっ！」のときの「……」部分が、子どもと保育者の心が通い合う瞬間です。そしてみんなで大きな声で「ぱかっ！」と言い合うときには開放感に満ちあふれたようにその喜びを共感し合うことができます。手遊びを通して仲間が一体となる感じを味わえるのは集団の場だからこそといえるでしょう。

保育者が楽しそうに表情豊かにうたうことで、子どもたちにもその気持ちが伝わ

り、心が通い合います。これは言葉をまだ話さない小さな子どもであっても同じです。保育者が子どもを見つめながらうたったり、スキンシップを図ったりすれば、子どもたちも声をあげたり、手や足をバタバタさせたりして喜びます。手遊びは温かい保育者のまなざしと心地よい声によって楽しさが倍増することを忘れないでいてほしいと思います。

指導法例11-②　言葉のおもしろさを感じられる絵本の読み聞かせ（0〜1歳児クラス）

『だるまさんが』（かがくいひろし、ブロンズ新社、2008）の絵本は0〜1歳児の子どもにとても人気がある。1ページめくるたびに「だるまさんが……」と決まった言葉ではじまり、「どてっ」や「びろーん」と続く。「どてっ」と短く歯切れのよい響きや「びろーん」と間延びした響き、まったく印象の違う言葉を子どもは期待して待つ。そして、軽快な言葉の響きとだるまさんの滑稽な絵面、そして読み手の保育者の遊び心も加わって、子どもはよりいっそう楽しい。ある保育者は表情でその言葉を表してみる。「どてっ」と言うときは目を見開いて首をかしげ、「びろーん」と言うときは白目になって口を縦に広げる。ある保育者は絵本を動かしてみる。「どてっ」と言うときは絵本を傾け、「びろーん」と言うときは絵本を高くあげる。ある保育者は体全体を使って遊んでみる。「どてっ」と言うときは大げさに転び、「びろーん」と言うときは立ち上がって背伸びをする。子どもは保育者の表現力にも後押しされながら、だるまさんの動きをまねして遊び、保育室にはたくさんの笑顔のだるまさんがあふれる。

<数人への読み聞かせ>　　　　　<一対一での読み聞かせ>

低年齢児への絵本の読み聞かせ

Point　事例で登場する保育者は、それぞれ表情、視線、体の動きを加えることで、子どもが体全体を使って言葉のおもしろさを感じられるようにしています。「赤ちゃん絵本」といわれる絵本は、子どもが絵、言葉を楽しむことはもちろん、読み手である大人とのかかわりを楽しむことも重要な要素といえます。保育の場では、集団の子どもに対して絵本を読む場面が多いですが、幼い子どもには、保育者が子どもを膝に乗せて絵本を読み、一対一のかかわりをもてるようにすることもあると思います。上記の『だるまさんが』の絵本も、集団に対して読むのと、保育者が一人の子どもを膝に乗せて読むのとでは、味わい方も変わってきます。集団に対して読み聞かせる場合は、ダイナミックに体を動かしながらみんなで同じ楽しさを体験できるよさがありますし、膝に乗せて一対一で読む場合は、読んでくれる大人の声の響き、呼吸のリズムを体で直に感じることができ、心地よさと安心感を得られるよさがあります。

最近は、家庭で伝承遊びをすることも少なくなっているようです。ひと昔前であれば、祖父母や地域の高齢者、近所の小学生などから遊びを教えてもらう機会もありましたが、今ではそのような光景も見られなくなっています。保育者は、昔ながらの遊びをはじめ、子どもが楽しめる遊びの引き出しをたくさんもっていてほしいと思います。ここでは保育の中に伝承遊びを取り入れた事例を紹介します。

指導法例 12−①　折り紙の折り方の援助（３歳児クラス）

　実習生のＡさんは部分実習でコーナー遊びを任され、保育室で数名の子どもたちとおにぎりやさんごっこで遊ぶことにした。白い折り紙を三角になるように半分に折り、中には好きな具をクレヨンで描く。そして表に四角く切った黒い海苔を貼ったらできあがりである。

　なかなか思うように折れない子どもたちに「四角の角を、反対側の角にぺったんこするんだよ」「ぺったんこしたところは手で押さえて、アイロンをかけてごらん」と言うと、子どもは言われた通りに三角になった紙に手でアイロンをかける。

　しかしよく見てみると、折り目ではなく、三角の真ん中あたりをていねいに伸ばしているのだ。「アイロンをかけてごらん」と比喩を用いて伝えたつもりが、まったく子どもたちに伝わらず、Ａさんは困ってしまった。

Point　事例の実習生は、３歳児と折り紙をして遊びたいと考えたものの、子どもたちが想像以上に苦戦していることに戸惑ってしまいました。「ぺったんこしたところは手で押さえて、アイロンかけてごらん」と、一生懸命子どもにわかりやすい言葉で伝えようとしますが、子どもにその意味が伝わっていないようです。「アイロンをかけて」と言われた子どもは、折り目ではなく、平面の部分をていねいに伸ばしているのです。「アイロンをかける」という言葉の意味が「折り目をつけること」だと理解していないため、洋服にアイロンをかけるように広い面をていねいに伸ばそうとしたのでしょう。

　保育者は子どもにわかりやすいようにと日常的に比喩を使って話すことが多くありますが、この事例のように、ときにその真意が子どもに伝わっていないことがあるので要注意です。保育者はお決まりの表現ではなく、きちんと子どもがその言葉の意味を理解しているのか気づく必要があるでしょう。今回の事例の場合も、無理に「アイロンをかけて」と比喩を使わずに、「ここをきゅっきゅっと押さえて、折ったところ

を薄ーくしてごらん」と言ったほうが伝わるかもしれません。子どもが理解する言葉を
見極めていく力が保育者には求められます。

指導法例12-②　　わらべうたで遊ぶ（4歳児クラス）

4歳児が「あぶくたった」のわらべうたで遊んでいる。
「あぶくたった煮えたった　煮えたかどうだか食べてみよう　むしゃむしゃむしゃ　まだ煮
えない」(中略)「もう煮えた！　戸棚にしまってがちゃがちゃがちゃ、ごはんを食べてむ
しゃむしゃむしゃ」(中略)「とんとんとん　何の音？」「風の音」「あーよかった」(中略)
「とんとんとん　何の音？」「おばけの音！」「きゃ～！」
　最後の「おばけの音！」のところは、スリル満点でこの遊びのおもしろさの頂点といえるが、
4歳児の子どもたちが遊んでいる様子を見ている
と、その部分と同じくらい盛り上がるところが、途
中の生活場面を模倣する部分である。「歯ブラシを
してシャカシャカシャカ」や「お風呂に入ってジャ
ブジャブジャブ」など日常の様子を思いつく限り
言って笑い合っている。
　最後の「とんとんとん　何の音？」の部分も、
「おば……さんが通った音！」や「おば……け退治
に来た人の音！」など「おばけの音」に似ている
言葉を探して遊んでいる。

Point　伝承遊びの中でも、事例のような「あぶくたった」や「はないちもんめ」な
どのわらべうたは、現代でも子どもたちが園庭や公園で喜んで遊んでいる姿を見かけ
るのではないでしょうか。「あぶくたった」は一人の子どもを囲んでうたう場面、セ
リフを並べて生活の模倣をするいわゆるごっこ遊びの場面、追いかけっこをする場面
と3つの要素が含まれている遊びです。中盤のごっこ遊びの場面では、自分の生活に
なぞらえながら次々と新たな場面を即興でつくっていくところにおもしろさがありま
す。4歳児にもなると、事例のようにリアリティーを求めて生活を再現しようとしま
す。最後の「おばけの音」に近い言葉を探すところは、はじめは子どもだけでは思い
つかないかもしれません。保育者が「お……ちばの音」「おっ？　バ……イクが通っ
た音」などと言って言葉で遊ぶきっかけをつくることで、子どもたちも「お」がつく
言葉、「おば」がつく言葉を探して遊ぶことを楽しむようになるでしょう。おばけの
ほかにも、怖いから逃げたくなるもの、たとえば「どろぼう」や「おに」など、子ど
もと一緒に考えて遊ぶことも楽しいと思います。伝承遊びは、昔ながらの遊び方を伝
えていくことを大切にしながらも、固定観念にとらわれず子どもとともに新たな遊び
を発見していくことを楽しみましょう。

　子どもは空想と現実の世界を自由に行き来して生きています。空想することで自分の世界を広げ、実際にはできないことも空想の世界で存分に経験しています。保育者は子どもの空想に耳を傾け、その世界を楽しむことのできる環境を用意しましょう。ここでは子どもと保育者がともに空想の世界を楽しむ事例を見てみましょう。

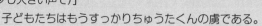

指導法例13-①　指人形を使った自己紹介（3歳児クラス）

　入園式の日、さまざまな子どもたちを前に、保育者も緊張のときである。そんな保育者は一通り自己紹介等をおえると、「実は、ももぐみさんにもう1人お友達がいるの。ちゅうたくんって言うんだけど、恥ずかしがって出てこられないみたいなの。みんなでちゅうたくんって呼んでみてくれる？」と投げかける。すると、子どもたちは「いいよ！」と答える。もちろん何も答えずじっと保育者を見つめている子どももいる。「それじゃあ一緒に！　ちゅうたくーん！」保育者はおもむろにポケットから親指サイズのねずみのちゅうたくんを取り出す。すると、子どもたちの顔が一気にわぁーっとほころぶ。保育者はちゅうたくんと自分の二役を器用に演じる。「あら、ちゅうたくん、また隠れちゃって。やさしいお友達がたくさんいるから出ておいで」「……ちゅう（小さい声で）」「だめね。ちゅうたくんやっぱり恥ずかしいんだって」と苦笑いを浮かべながら演技を続ける。「みんな、ちゅうたくんとこれからお友達になってくれるかな？」と聞くと、子どもたちは興奮気味に「うんうん！」と言う。「わぁありがとう！」「ちゅうたくん、みんなお友達になってくれるって。だからまた明日も幼稚園に来てね！」「……ちゅう（少し大きい声で）」

　子どもたちはもうすっかりちゅうたくんの虜である。

Point　入園したての子どもたちは、はじめての環境にさまざまな姿を見せます。子どもにとって家族と離れてのはじめての園生活は個人差はあれど不安なものです。保育者は不安定な気持ちを抱える子どもたちに対し、どうにか園は楽しいところだと思えるように、試行錯誤しながらかかわります。そのようなとき、指人形は両者をつなぐ役割を担ってくれます。事例の中の子どもたちは、親指ほどの大きさのねずみのちゅうたくんの登場に笑顔を見せています。自分よりずっと小さな存在がいることに安心感を覚えたのでしょう。また、そのちゅうたくんも緊張していると聞き、仲間意識を感じて共感したり、自分より小さい子どもを気づかうような気持ちが生まれたりしています。そして保育者にとっても、子どもとの間に指人形があるだけで、自身の緊張を大いに和らげてくれます。子どもも保育者も指人形という第三者の存在を中心にすることで、互いに心が和んで心の距離がぐっと近づくことでしょう。

日常の遊びの中で演じ合うことを楽しむ（3歳児クラス）

布を魔女のマントに見立てる

ある日、K香ちゃんは保育室においてあった黒い布を見つけ体にまとって遊びはじめる。そして遊んでいるうちにその布を魔女のマントに見立てることを思いつく。

紙を丸めて毒リンゴをつくる

足元にまで広がる大きなマントと、それをまとう自分の姿を鏡で眺めているうちに、今度は紫の折り紙を丸め毒リンゴをつくることを思いつく。

保育者とのやりとり

今度はそれを保育者のところにもってきて「りんごはいらんかね？」といたずらっぽい表情で言う。保育者は「ください！」と言って喜んでその毒リンゴを受け取る。そして一口食べて「にがーい！」と言って苦しむまねをする。魔女になりきるK香ちゃんは大喜びである。

物語を子ども同士で演じ合う

そんな様子を見ていたクラスの子どもたちも一緒になって大喜びをして、自分もやってみたいと言う。マントは1枚しかないため、順番にマントを交代することになる。マントをまとった瞬間魔女のできあがりである。はじめは保育者と一人の子どもとのやりとりだったが、そのうち、「りんごを勧める→食べたら苦しむ」という小さな物語を、子ども同士で演じ合って遊ぶようになる。

Point 年度末に発表会と称して劇の発表をする園も多いでしょう。しかし劇的な活動といわれるものは発表を目指すものだけを指すのではありません。子どもたちが日常的に遊んでいるごっこ遊びは劇的な活動の原点です。子どもは日常的に、身のまわりの場所と道具、そして自分の体と言葉を駆使しながらイメージの世界を遊んでいます。ストーリーも役柄も子どもたちが即興でつくっていくので実に奇想天外です。事例のように、子どもたちは日常の中で唐突にごっこ遊びをはじめることがあります。保育者は、子どものイメージの世界に寄り添い、同じ景色を想像しながら一緒に楽しみましょう。保育者が子どものごっこ遊びに参加することによって、子どものイメージが具現化し、遊びは劇的な表現活動に近づきます。こうして日常的にごっこ遊びや劇遊びを楽しむ経験を経て、子どもたちは演じることの楽しさや子ども同士でイメージを伝え合って一つの世界をつくり上げることの楽しさを感じることができるようになります。年度末になって唐突に劇の発表をすることを提案するのではなく、日常的に劇的な遊び（劇的活動）を楽しむことが肝心といえます。

1 手遊びの楽しさを伝えよう！

① 対象年齢別（0〜5歳）に、子どもたちが楽しめる手遊びを探してみよう。

> **Hint!** 発達を理解した上で、その年齢の子どもが何を楽しめるのか考える（例：じゃんけんは3歳くらいからできるようになる）。

② その手遊びの楽しさのポイントはどのようなところか検討しよう。

> **Hint!** 例：「わにのかぞく」の場合（本書 p.96 参照）
>
> ・おとうさん、おかあさん、おにいさん、おねえさん、あかちゃんと変化していくところ
>
> ・「ぱかっ！」という言葉の繰り返し

③ ②であげた手遊びの楽しさのポイントを子どもたちに伝えるにはどのような工夫の仕方があるか検討しよう。

> **Hint!** 例：「わにのかぞく」の場合
>
> ・1番ごとに声色を変えてうたう（お父さんは太くて低い声など）。
>
> ・「おくちをあけて」の直後に体を小さく縮めて一瞬の間を取り、その後の「ぱかっ！」は大きな身振りでまたはっきりした声でうたうことで、開放感を楽しめるようにする。
>
> ・繰り返す楽しみが感じられるように、「ぱかっ！」の前の間は期待を込めた表情で子どもたちと目を合わせる。

④ ①〜③で検討した5つの手遊びの中から1つ選んで、子ども役の仲間の前で発表しよう。

> **Hint!** ①〜③で検討したポイントを意識しながら実践する。

⑤ 子ども役の仲間から感想を聞こう。

> **Hint!** 子どもの立場に立って、どのようなところが楽しかったのか、どのようなところを改善すればもっと楽しくなるか、感想を伝え合う。

⑥ 各自の実践を見て、ノートにまとめよう。

> **Hint!** ・①タイトル、②対象年齢、③楽しいポイント、④楽しくなる工夫、⑤その他メモ
>
> ・①〜④は実践者から聞き取り、⑤は自分の感想や新たな気づきを書く。
>
> ・このノートを参考に、実習先などで実際に実践してみる。

２ ペープサートで物語をつくってみよう！

① ペープサートで自分の好きな生き物をつくろう。

> **Hint!** 人、動物、架空の生き物など自由な発想でつくる。その際、仲間とは相談せずにつくる。

② くじ引きでグループ分けをしよう。

> **Hint!** ４〜５人のグループになるようにする。

③ 集まった仲間で、自分のペープサートの紹介をしよう。

> **Hint!** 名前、特徴、特技、趣味など、わが子のように紹介する。

例

生みの親の名前 （学生名）	名前	特徴	特技	趣味	その他
①わかばはなこ	ピーすけ	羽はあるが飛ぶことが苦手な鳥	歌をうたうこと	飛ぶ練習	明るい性格が取り柄
②					
③					
④					
⑤					

④ そのメンバーが全員活躍する物語（10分くらい）を考えよう。

> **Hint!** ・それぞれの特技や趣味などが生かされるストーリーを考える。
> ・物語にはタイトルもつける。

⑤ 完成したら練習してみよう。

> **Hint!** セリフは事前に台本に書いてもよいし、アドリブでもよい。

⑥ みんなの前で発表しよう。

> **Hint!** 互いの発表を見て、感想を伝え合う。

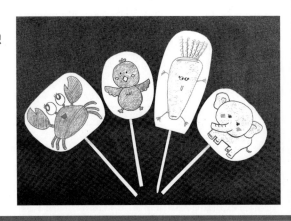

言葉の獲得にむずかしさを抱える子どもの実践について学ぼう
—— 障がい等のある子ども

1. 言葉の育ちの遅れが気になる子ども

　障がいのある子どもや配慮の必要な子どもの保護者としては、「ほかの子どもたちとは何か違う……」と発達がゆっくりだと不安を感じるでしょう。中でも言葉が出ない、言葉が遅いと言葉の発達に関して悩まれることはしばしばです。その様相は、聴覚に関する聞こえの問題、知的機能に関する言語概念の形成や言語理解のつまずき、発声や構音に対する言語表出の問題、さらには発達障がいに見られるコミュニケーションの課題です。また、成育環境による言語獲得の差も否定できません。言葉は生活の中で培う豊かな言語活動を通して獲得が促されます。乳幼児期の夢中に遊ぶ中の学びには言語の獲得や使用があり、園生活にある言語活動やコミュニケーション行動は重要な役割を担うでしょう。一方、言葉の獲得や使用のむずかしさを抱える子どもは、言葉を介した意思疎通や感情調整、生活のしづらさが否めません。

　言葉の発達には理解と表出の2側面があります。いずれかに課題がある場合は、以下に示す米国精神医学会より刊行された精神疾患の診断・統計マニュアル（DSM-5：Diagnostic and Statistical Manual of Mental Disorders, Fifth Edition）によって診断されます[1]。

言語症 / 言語障害
・話す、書くなどの言語の習得や使用において困難さがある。
・使う語彙が少なく、文章をつなげたり組み立てることがむずかしい。
語音症 / 語音障害
・発音が不明瞭なため自身の思いを相手に伝えることのむずかしさがある。
・コミュニケーションをとりづらいため、学業や社会への参加などに妨げが生じる。
小児期発症流暢症 / 小児期発症流暢障害（吃音）
・言葉を流暢に発することの困難さがある。
・言葉のはじめを何度も繰り返したり、音を伸ばしたりする特徴がある。
・途中で言葉が止まってしまうなど、スムーズに話すことがむずかしい。
社会的（語用論的）コミュニケーション症 / 社会的（語用論的）コミュニケーション障害
・社会生活で必要な、その場に応じたコミュニケーションがむずかしい。
・相手の表情や状況からよみとることに困難さがある。
・ユーモアを相手の意とは違った認識で解釈してしまう。

図表6-1　コミュニケーション症群・コミュニケーション障害群

American Psychiatric Association 編、日本精神神経学会日本語版用語監修、髙橋三郎、大野裕監訳、染矢俊幸、神庭重信、尾崎紀夫、三村將、村井俊哉訳『DSM-5 精神疾患の分類と診断の手引』医学書院、2014、pp.23-25 より引用し抜粋

2．言葉の育ちを促すかかわり

　言葉の育ちは日常にある遊びや会話、触れ合いの中で子どもの気持ちを育んでいくことが大切です。子どもは、楽しい経験やうれしい経験を重ねると、その気持ちを誰かに伝えたいと素直に思います。発語がなくても、視線やうなずきなどの非言語も「言葉」としてとらえることで、どのような子どもにも伝えたい相手がいることが読み取れるはずです。言葉の獲得や使用のむずかしさを抱える子どもにとって、伝えたい要求を失わせない配慮が重要です。さらに、どのような場面であっても肯定的に聞いてくれる相手こそが必要でしょう。子どもたちは誰でもよいから話すのではなく、話したくなる相手がいるから話すのです。子どもが伝えたいと思えるような保育者を目指しましょう。

　人とコミュニケーションをする気がなければ、言葉の真価を発揮できないままです。気持ちを添える言葉をもとに子どもとのかかわり方を見直してみましょう。たとえば、よりよいコミュニケーションを促進する指導法にインリアルアプローチ（INREAL：Inter Reactive Learning and Communication）があります。以下に、言葉の習得を促すための7つの言語心理学的技法を紹介します。①ミラリング：大人が子どものしていることをその通りまねる。②モニタリング：子どもの音声や言った言葉をそのまままねる。③パラレル・トーク：子どもの気持ちや行動を言語化する。④セルフ・トーク：大人自身の気持ちや行動を言語化する。⑤リフレクティング：子どもの誤った言葉を非難することなく正しく言い直す。⑥エキスパンション：子どもの言った言葉を意味的文法的に広げて返す。⑦モデリング：子どもに言葉の使い方モデルを示す。これらは子どもの発達や気持ちに寄り添いながら、短くわかりやすい言葉をかけることが効果的です[2]。

　さらに絵本の読み聞かせや手遊びなどは、対話をしているようなやりとりのできる遊びになります。触れ合い遊びなどを通して体で表す表現の仕方にも注目したいです。言葉や行為の共有を楽しみながら、言語発達の促しを焦り過ぎず、スモールステップな援助を心がけましょう。

📢) 保育実践の Point ❗

● 表情やしぐさなどで子どもの気持ちを読み取れるようにする

　言葉に遅れがある子どもに「何をどうしたい」など言葉で説明することはむずかしく、気持ちの読み取りや思いをくみ取りましょう。そのためには、日々の表情やしぐさ、変化に敏感であることが大切です。周囲の状況も踏まえてていねいに対応できるようにしていきます。

● 遊びの中から獲得できる言葉を紡いでいく

　遊びの中で心が動く体験をすることは、言葉の獲得には重要です。楽しい気持ちは、言葉や動きとなって表現されます。自由に表現したくなる豊かな遊びの機会をつくっていきましょう。

● 緊張感や不安感を抱える子どもに、安心感を保障する

　緊張感や不安感を強く抱いている子どもの中には、その影響から言葉や声が出せずにいる子どもがいます。応答が乏しくても無理にかかわりを求めず、子どもにとって最適な安心感を保障し続けましょう。

Part 2

第6章　言葉の獲得にむずかしさを抱える子どもの実践について学ぼう

言葉の発達がゆっくりな子どもや、子どもの発達に不安を抱える保護者は少なくありません。そのような場合の子どもの姿とともに、援助について考えてみましょう。

指導法例14-①　巡回保育相談で出会う言葉の遅れのある子ども

K雄くんは発語がほとんど見られない。K雄くんの気持ちをどのように理解していけばよいのか、思いをくめていないのではないかと保育者は葛藤している。年に数回、巡回保育相談があり、そこで行うカンファレンスでは、子どもの姿や保育の取り組みなどを振り返る。相談員とともに考えながら、園全体での取り組みとして共通理解を図っている。

K雄くんの姿

3歳　毎日のように赤い車のおもちゃで遊び、床に寝転んで左右に走らせている。それに合わせて保育者が「ブーン」と言うと、K雄くんも一緒に「う〜」と言うようになる。ある日「や〜」とK雄くんが泣いていた。少しの間、理由がわからなかったが、ほかの子どもが赤い車で遊んでいる姿を見て、もしかしたら……と思いつく。まだ箱に入っていた別の赤い車をK雄くんに見せると、手に取って泣き止み、「う〜」と言って遊び出す。

4歳　ホールを指さして「あ〜」と言い、行きたい様子を頻繁に伝える。音楽に合わせておどったり、歌に合わせて「お〜」「わ〜」と声を出す。保育者が「楽しいね」「うれしいね」など気持ちを言葉にしていると「ね〜」と同意するような言葉を返すことがときどき見られる。

5歳　手を振りながら「ばいば〜い」と自分から友達に伝えるようになる。保育者だけではなく、友達の発している言葉を聞いてまねをするようになったころから、語彙も圧倒的に増える。転んでしまった子を見つけると、K雄くんは咄嗟にかけ寄って頭をなでる姿が見られる。そのときに「だいよ〜ぶ？（だいじょうぶ？）」と言い続ける。

カンファレンスを通した保育者の語り

・好きな歌などで、言葉の発達をもっと促していったほうがよいのではないか
・友達に誘われても、何も反応しないときがあり、少しでも友達の気持ちに気づいてほしい
・友達との遊びやかかわりが増えれば、言葉が増えていくのではないか
・K雄くんが興味を示さないことに対して、どのように促せばよいのか
・遊びに没頭する姿があまり見られないので、遊びの充実を図りたい
・K雄くんの気持ちがつかめないときがあり、不安になる

Point　巡回保育相談では、K雄くんの言葉や遊びについての意見がありました。言葉の遅れが気になる子どもには、発話を促してしまいがちです。しかし、口で言わせることにこだわらず、安心を保障することが何よりも大切です。ゆったりと過ごせる環境で育ちを焦らせない保育を心がけることによって、満たされる子どもの気持ちに気づけるでしょう。

指導法例14-② 言葉の遅れと保護者の不安（3歳児クラス）

入園前の保護者の不安、願い（手紙より抜粋）

> A介は発語がありません。名前を呼んでも反応がないので、ずっと不安な日々を過ごしています。このまま何も変化がないのではと焦る一方で、入園したら何か変わるのかもしれないという思いがあります。一日も早く「ママ」と呼んでほしい思いでいっぱいです。

お気に入りの「ぞうさん」をきっかけに

> 入園後、A介くんは安心を欲してお気に入りの「ぞうのおもちゃ」をもちながら過ごしている。保育者らはそれを「ぞうさん」と呼び、A介くんとともに楽しんでかかわり「ぞうさん」と繰り返し伝えた。「ぞうさん」が見当たらないと保育者の手を引っ張る姿があったが、ある日から「ぞーしゃん」と訴えるようになった。言葉の模倣ができたことをきっかけに、次は「ほしい」という意味の「ちょうだい」の言葉と手のサインを示していった。繰り返す中で、A介くんは自ら要求して、伝えたい思いを表現するようになる。

園生活を送る中でのA介くんの変化と保護者の気持ちの変化

> 降園時に迎えにきた母親の姿を見てうれしそうに視線を移す様子から母親の存在は好意的に認識している。登降園時、A介くんと一緒に母親を見ながら「ママ」と知らせ続けたり、家庭でも母親が自らを指さして「ママ」と繰り返し伝えていた。6月を過ぎるころ「A介がはじめてママって呼んでくれました」と目を潤ませた母親からうれしい報告を受けた。

Point　わが子に「ママ」と言ってもらえるうれしさは計り知れません。まずは保護者の話をじっくり聞いて、あるがままを受け止めましょう。保育者はわが子の成長を実感して喜びを感じられるように保護者の子育てを支えます。また、保護者にとって精神的にも肉体的にも休める時間を提供し、保育者とともに安心して子どもの成長を育める場となるように努めましょう。

言葉の理解や表出にむずかしさを抱える子どもとのかかわり

　言葉の理解や表出にむずかしさを抱える子どもは、人とのかかわりに不安を感じていることが多くあります。どのような援助が必要なのか、実践例を見てみましょう。

 指導法例 15–①　園生活の中で育まれる言葉と劇遊び（4歳児クラス）

B也くんの姿

　笑顔で園生活を送っているが、語彙が少なく、言葉のやりとりにむずかしさを示している。絵を描くことや体を動かして遊ぶことを好むが、1人で遊ぶ時間が多い。保育者を介してC子ちゃんと遊ぶようになると、ままごとで料理をしたり、食べる振りをしたりして楽しむ姿が見られ、簡単な言葉のやりとりも少しずつ増えている。

劇遊びに向けて

　昨年、劇遊びを経験しているクラスの子どもたちは「こんな話がいい」「こんな役をしてみたい」など、それぞれが自身の気持ちを言い合うようになる。しかし、B也くんに「どんなお話がいいかな？」と保育者が聞いてみると「わかんない……」と言う。

保育者の思い・計画

　劇遊びに少しでも興味をもってほしい。普段からB也くんとC子ちゃんがままごとで繰り返し遊んでいる料理の場面のように「いただきま〜す」などのやりとりがあれば楽しめるのではないか。さらに、好きなお絵描きが楽しめるようにペープサートも取り入れてみよう。

絵本やペープサートの導入

　保育者が絵本『ぐりとぐらとすみれちゃん』（なかがわりえこ作、やまわきゆりこ絵、福音館書店、2003）の読み聞かせをする。その後、登場する動物の絵を描いたペープサートと白紙のペープサートを用意して、自由に遊べるように配置した。子どもたちは動物などの絵を描き、絵本を見ながら話を展開させたり、新たに自分自身で考えたセリフを発したりするなどして楽しんでいる。

　保育者がペープサートづくりに誘って、B也くんがつくったものをC子ちゃんとのままごとに用いて遊ぶ姿が見られる。また「かぼちゃプリンをつくりたい」と言うC子ちゃんの提案で、B也くんとともに画用紙などで製作する。やがて以前楽しんでいたままごとが「ぐりとぐらごっこ」に変わり、他児と混ざってB也くんが楽しむ時間が増えている。

Point この事例は子どもたちの遊びの中からヒントを得て、劇遊びにつなげた活動例です。絵本からペープサートへの移行があると、子どもたち自身の世界がつくりやすくなって言葉の理解を深められます。B也くんもC子ちゃんと一緒にセリフを言ったり、「いただきま～す」と言葉をまねて、同じ振りをして笑顔で楽しむ遊びが続きました。行事は本番当日のみに注目されがちですが、それまでの日常がとても大切です。どの子どもにとっても無理なく参加できる言語環境などへの配慮をしましょう。

指導法例15−② 伝えたい思いを伝えられない子どもの思い（5歳児クラス）

D沙ちゃんは、入園当初から今まで園で言葉を発する姿は見られない。極度の緊張や不安で体が動かなくなってしまうことがある。そのため、自分の話を聞かれたり、見られたりすることに対して強い抵抗感と恐怖があるように思える。しかし、家族と一緒にいるときは園でのことをよく話し、妹と幼稚園ごっこをして楽しんでいると母親から報告を受ける。

D沙ちゃん
5歳児クラスに進級したD沙ちゃんが3歳児クラスの前を通ると顔見知りのE奈ちゃんが泣いている。保育者が「D沙ちゃん、E奈ちゃんのそばにいてくれる?」と促すと、表情を硬くしたままE奈ちゃんのとなりに座る。保育者が「D沙ちゃんが来てくれたよ。うれしいね」と言うと、泣いていたE奈ちゃんはD沙ちゃんの顔を見たとたんに少し泣き止む。ふいにD沙ちゃんの手をぎゅっと握ると2人の表情が和らぐ。その翌日も3歳児クラスを見に行く姿がある。

保育者

D沙ちゃんが今まで自分から行動することがあまりなかったので、自分の気持ちを行動で表現している今を大切にしたい。

異年齢でかかわれる遊びや生活の場を設けるのはどうだろう。3歳児クラスの保育者と相談をして計画を立てて進めてみよう。

D沙ちゃんからは言葉でのやりとりが見られないものの、E奈ちゃんとまるで姉妹のように手をつないで園庭に出たり、お絵描きをしながら目を合わせて笑ったりする姿がある。ただ、E奈ちゃんが泣いてしまうとD沙ちゃんは困って動けなくなり保育者に顔を向けて知らせることが多い。保育者は「D沙ちゃん教えてくれてありがとう。E奈ちゃん、泣いちゃったね」などと言葉を紡ぐ。ある日、E奈ちゃんが園庭で転んで膝から血が出て泣いてしまう。D沙ちゃんは少し離れたところにいた保育者の服を強く引っ張り「E奈ちゃんが……」とかすかな声を出して知らせる。

Point 状況への不安な気持ちは安心を欲している姿です。発話にこだわらずかかわってくれる他者や、安心できる環境が見つかったり広がることも大切ですが、いずれにしても自分を肯定的にとらえてくれる保育者の存在は大きいものです。たとえ短い時間でも、特別なときを見つけて、不安に寄り添う姿勢を大切にしましょう。

1 非言語でコミュニケーションを図ってみよう！

① 言葉を使わないコミュニケーションにはどのようなものがあるか、例にならって「非言語集め」をしてみよう。また、集めた非言語について仲間同士で意見交換してみよう。

> **Hint!** コミュニケーションの道具を大別すると「言語」と「非言語」がある。言語の最たるものは発話（音声言語）、日本語を母語とする場合、ひらがな・カタカナ・漢字のような筆記文字も言語である。また、顔文字や絵文字も立派な言語ツールとして機能している。また、聴覚障がい者にとっての手話（手話言語）、視覚障がい者にとっての点字も同様に、お互いに情報を交換したり、考えや意味を伝達し合う過程には必要不可欠である。

例

非言語ツール	使用方法
例）表情	感情を表す際に用いる

② 言葉を使わないコール＆レスポンスの「マネっこリズム」遊びをしてみよう。

> **Hint!** 手拍子をしたり、膝やお尻を叩いたり、足踏みするなど好きなポーズやフリ、パフォーマンスで出題者の身体と音で表現した行為に対して応える。一般的にはボディーパーカッションという表現もある。

> **Hint!** Step1：出題者がリーダーとなり好きなポーズをして、回答者がまねをする。
> Step2：単独のみならず他者との身体接触や移動も加えてみる。
> Step3：応用では、出題者を交代したり、曲や楽器に合わせながら楽しんでみる。

③ 誕生日順になって1列に並ぶ「バースデーライン」ゲームをしてみよう。

> **Hint!** 並ぶ際は会話をしたり、筆談や絵で示すことも禁止。非言語ツールのみでお互いの誕生日を把握し合って正しい順番で並ぶ。

> **Hint!** Step1：1月1日が先頭で12月31日が最後尾とする。
> Step2：言語（発話や筆記文字など）を使わないという禁止事項は強調して伝える。
> Step3：スタートの合図で誕生日順に並ぶ。
> Step4：先頭から誕生日を発表してもらい、答え合わせをする。
> Step5：応用では、時間制限を設けたり、奇数月と偶数月に分かれて競争するのもよい。

④ ジェスチャーゲームをしてみよう。

Hint! このゲームは非言語ツールのみで意思疎通を図る。

Hint! Step1：あらかじめ絵や文字で紙に書いた問題を準備する。
Step2：複数の列になって準備する。
Step3：先頭の回答者のみにお題を見せてからスタートする。
例：・鼻をリボン結びにしたゾウ
・スカイツリーを蹴っ飛ばすアリ
・ボクシングをするパンダとウサギ　など
Step4：最後尾の人に回答を発表してもらい、答え合わせをする。
Step5：応用では、複数人の回答者の前で一人が出題するなど、出題者を
交代しながら競争せずに和気あいあいと楽しもう。

2 非言語コミュニケーションを体感できる部分指導計画を立案しよう！

Hint! 簡単なルールのある遊びを理解して徐々に楽しめるようになった子どもにとっ
て、大好きな友達と一緒に天候や場所を選ばず、実践できるゲームは最適であ
る。ここでは、言語に頼らない非言語を用いたマネっこゲームを立案して楽しん
でみよう。

Hint! Step1：指導案を立案するクラス、季節などを考える。
Step2：現在の子どもの姿から、ねらいと内容を考える。
Step3：「時間」「環境構成」「予想される子どもの姿」「保育者の援助と留意
点」について考える。
Step4：例にならって、部分指導計画案を立案する。
Step5：仲間同士で保育者と子ども役になり、作成した部分指導計画の模擬
保育を行ってみる。
Step6：部分指導計画案や模擬保育の実践について仲間同士で意見交換する。

例

日時	○○○○年 6 月 ○ 日（○ 曜日）	あじさい　組（　3　歳児）男児　10　名 女児　13　名		
＜現在の子どもの姿＞・ごっこ遊びの中で、動物やアニメの人物になりきって遊んでいる。・自分の意見をもつようになって友達と言い合いになることが増えた。		＜ねらい＞・体を使って表現し、伝え合う喜びを味わう。＜内容＞・マネっこゲームで体を使って自由な表現を楽しむ。・友達が「マネっこ」をしている姿を見たり考えたりして、自分の意見を伝える。		
時間	環境構成	予想される子どもの姿	保育者の援助と留意点	
10：00	・立ったり座ったり、体を使うので少し距離をとって集まる。・導入「こんなことできるかな？」	「先生、なにやるの〜？」などと活動を楽しみにしながら集まる。・歌に合わせながら、保育者のまねをする。	・子どもたちから見えやすい位置に立つ。・「こんなことできるかな？」とうたいながら、最初は簡単な動物などのジェスチャーをする。	

複数の言語の中で育つ
子どもの実践について学ぼう

1. 日本で暮らす外国人

　現在、約282万人（2021（令和3）年6月統計）の外国人が日本で生活をしています。国籍別に見ると、中国出身がもっとも多く、近年ではベトナム出身の来日が目立っています。居住されている地域は東京がもっとも多く、それを反映してか都内23区の保育施設では外国籍等の子どもたち^{※)}の入園はめずらしいことではなくなっています。みなさんも実習などで、すでに外国籍等の子どもとかかわる経験をされているかもしれません。

　外国籍等の子どもの多くは、日本の文化と、両親もしくはどちらかの親の出身国の文化、つまり、複数の文化の影響を受けて育っています。そして、これからもこの複数の文化を大切にしながら成長していくことが必要だと考えます。この章では、こうした子どもたちの言葉の育ちについての理解を深めていきたいと思います。

　※　外国籍等の子どもとは、両親が外国籍で自身も海外出身の子ども・親の国際結婚により両親の国籍が異なる子ども・外国籍だが生まれも育ちも日本の子ども・外国にルーツのある子どもや海外での生活が長い子ども等を指します。

2. 複数の言語の中で育つとは

　両親が同じ国の出身であれば、両親の母語が家庭内での言語になり、よほどのことがない限りその子どもの母語は両親と同じになります。そのため、外国籍等の子どもたちは、日本語とは異なる言語が母語になります。母語を獲得してきた子どもたちが、日本の保育施設に入園するとどうでしょうか。なじみのない言語が使われていること、今まで使えていた言語が使えないこと等による衝撃やストレスを受けることになり、それは非常に大きいことが予想されます。まずは、こうした衝撃やストレスを受けながら園生活を送る子どもたちの状態を理解し、不安や困難な状況を受け止めることが必要になります。

　一方で、保育施設、保育者にとっても、日本語が理解できない子どもが入園してくることは、大きな不安になります。両親のどちらもが日本語がわからない場合等には、連絡事項を伝えることなどへのむずかしさもあります。また、毎日の保育の中で子どもとどのようにコミュニケーションをはかるのかということに対する不安や迷いも抱きます。ときには園の文化やルールなどが理解できずに保育者を困らせる行動が見られるので、保育者も

安全管理などの立場から「ダメ」「×（バツ）」等の禁止する言葉ばかりを伝えてしまうということが起こり、そのような場合、ほかの子どもたちが「あの子は先生に怒られている悪い子なんだ」というような印象をもってしまうことも少なくありません。先述したように、一番苦労をしているのは当の子どもであることを忘れないようにしましょう。そして、外国籍等の子どもの保育を行う際には、担任だけがすべてのことを担うのではなく、園全体での協力体制を検討することが大切になります。国や自治体などのサポート等の制度もあるので、施設長と相談しながら積極的に活用しましょう（厚生労働省等のホームページ参照）。

3．やさしい日本語で伝える

　日本語がわからないで戸惑っている子どもに対して、保育者は一日でも早く日本語が理解できるようになってほしいと思いながら子どもとかかわります。保育者は簡単なあいさつ、園生活に必要な簡単な名称、欲求や拒否を表す言葉などをていねいに伝えながら援助を行うことになります。ジェスチャー、実物、写真などを見せながら言葉を添えるというこ

とも有効な方法の一つです。日本語を添える場合、つい簡略化した言葉やその文化内でしか使用されていない言葉などを使いがちです。しかし、「園服」「お道具箱」「給食」「お片づけ」等は、意外とむずかしい言葉ではないでしょうか。相手に伝わる「やさしい日本語」を使うことを心がけましょう。このことは外国人の保護者に対しても同じです。

4．日本語と母語の両方を育てる

　複数の言語環境の中で育っている子どもの場合、日本語の伸長だけがその子どもの言葉の育ちではありません。子どもたちの多くは半年や1年もすれば随分と園生活に必要な日本語を覚え、使えるようになります。しかし、日本語が伸びているということは母語が止まっている、あるいは後退しているということです。

　子どもの言葉の育ちにとって母語を獲得していくことは非常に重要になります。その理由は大きく2つあります。一つは、家庭内での言語が異なってしまうと家族間でのコミュニケーションに支障が出てくる可能性があるからです。家族間でのコミュニケーションの問題は、学童期や青年期に大きな問題となって現れる場合があります。多くの保護者は母語を継承することを望んでいます。母語はその子どものルーツを表すものでもあるからです。母語が大事にされるということは存在を肯定されることにもつながります。

　もう一つの理由には、母語が育つことにより日本語もしっかりと育つことが期待される

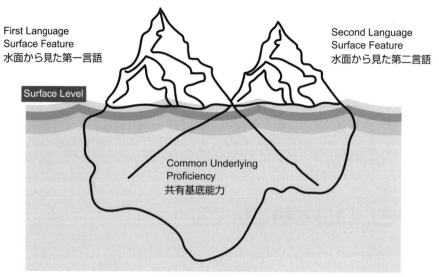

First Language
Surface Feature
水面から見た第一言語

Second Language
Surface Feature
水面から見た第二言語

Surface Level

Common Underlying
Proficiency
共有基底能力

図表 7-1　氷山説の図

ジム・カミンズ、中島和子訳『言語マイノリティを支える教育』慶應義塾大学出版会、2011、p.33 の図を参考にイラスト化

からです。バイリンガル教育の第一人者であるカミンズは、2 つの言語の関係について共有基底能力モデル（Common Underlying Proficiency：CUP）を示しています。つまり、第一言語（母語）によって、言語そのものが何かという土台がつくられているため、第二言語は、深層面となる基底を足がかりにしながら獲得していくことができるからです。だからこそ、母語によって土台をしっかりと育てることが重要です（図表 7-1 参照）。

　2 つの言語を話せる人のことをバイリンガルと言いますが、10 歳を過ぎて文化移動をした子どもたちは第一言語（母語）の習得がほぼ完成されているので、第二言語を学んでもバランスよく獲得されていく傾向があります（加算的バイリンガル）。一方、10 歳未満で文化移動をした場合は第一言語の獲得が不十分であるため、その後、第一言語の習得が止まってしまうと、第二言語の習得も十分に進まなくなる傾向があることが示されています（減算的バイリンガル）。このことからも、幼児期に文化移動をしている子どもたちは減算的バイリンガルになる危険性が高く注意が必要であることがわかります。

　また、今まで学んできたように言葉にはコミュニケーションの道具としてだけでなく、思考や認知等を助ける役割があります。カミンズに影響を与えたスクットナブ・カンガスは、対人関係におけるコミュニケーションに必要な言語（Basic Interpersonal Communicative Skills：BICS）は 2 年程度で習得できますが、認知・教科学習言語能力（Cognitive Academic Language Proficiency：CALP）は、少なくとも 5 ～ 7 年かかることを示しています。こうしたことからも、園生活における日本語での会話が十分にできていたとしても、認知や思考を助ける CALP は不十分である場合が多いことがわかります。その意味でも、子どもたちの母語が継続して伸びていくことを援助することは、言葉の育ちにとても大事なことなのです。

5．保護者とつながる

日本語でのやりとりがむずかしい保護者との連携は
配慮が必要になります。日常の会話でのやりとりもむ
ずかしいのですが、園から渡すプリント類などを読む
ことはより困難です。そのため、日本語の文字だけで
伝えるという連絡方法は避けたほうがよいと思います。
できるだけ対面で、実物等の具体的なものを示したり、
絵カードや写真などを使ったりしながら説明するとい
うことが最低でも必要になります。自治体から通訳な
どを派遣してもらえる制度、翻訳アプリ等もあるので、使えるものは何でも活用していき
ましょう。

園と家庭との連携は、連絡事項だけを伝え合えればよいわけではありません。家庭と園
とで一人の子どもを協力しながら育てるということを考えれば、互いにわかり合える関係
づくりが必要になります。外国籍等の保護者の文化を認めていくと同時に、日本の文化や
習慣も理解してもらうという互いの歩み寄りが可能になるような働きかけが必要です。ま
た、保護者はいつも支援を受ける側になるのではなく、自分も何かのために役に立ちたい
など、自分からの発信できる機会があることを希望しています。外国籍等の保護者に母語
で読み聞かせをしてもらう、家庭の料理を紹介してもらうなど、外国籍等の保護者の存在
が心地よい形で位置づけられていくことを検討してみましょう。そして、子どもの成長を
ともに確認していきながら、複数の文化の中で生きることは豊かで楽しいことであると感
じてもらえることを目指しましょう。

◀)) 保育実践の Point ❗

● **母文化への理解、母語の育ちを大事にする**

日本の文化や日本語に慣れることばかりに目を向けるのではなく、母文化や母語を尊重しま
しょう。母語を含めた母文化の尊重はアイデンティティーの形成や言葉の土台づくりにとても重
要です。

● **やさしい日本語で伝えたり、実物や写真、翻訳アプリなども活用する**

日本語に慣れていない子どもたちや保護者には、相手がわかるやさしい日本語を使うことを心
がけます。省略した言い方や四字熟語、保育の専門用語ではなく、日常的に使う言葉を使いなが
らていねいに伝えます。実物や写真を見せたり、翻訳アプリなどを使ったりすることも有効です。

● **多様性を認め合える環境をつくる**

外国籍等の子どもたちの出身国の文化や言語を自然な形で保育内容に取り入れていきましょ
う。違うことは豊かで楽しいことを保育者自らが実感し、互いのよさが認め合える関係づくりを
大事にしましょう。

　多様性（ダイバーシティ）とは、出身国、言語だけではなく、年齢、ジェンダー、信仰、能力など、生まれもった特徴や価値観、考え方が違うさまざまな属性の人が集まっていることを意味します。以前に比べて、日本もほかの人と異なることに対しては、寛容になってきたように思いますが、それでも、諸外国に比べると画一的な考えや教育を行いがちな面があります。また、無自覚に行っていたことが、別の視点から見ると差別的であるととらえられることもあります。ここでは、多様性を認め合えるような集団づくりのための実践を学びます。

指導法例 16-① 食文化の多様性を理解する（4歳児クラス）

　この園は、週に2回、家からお弁当を持参する。お弁当づくりに苦労している保護者も多いが、子どもたちは家からもってくるお弁当が大好きである。4歳児クラスには、外国籍等の子どもたちが数人いる。彼らのお弁当は個性的である。中国出身のFくんのお弁当には大きな肉まんが1個入っている。同じく中国出身のKくんのお弁当はビーフン、母親がオーストラリア人のNくんのお弁当はサンドイッチの横にポテトチップス、スティック状に切ってある生のにんじんも添えられている。両親が韓国人のMちゃんのお弁当はキンパ（韓国風海苔巻き）である。

肉まんの入ったお弁当
Fくん（中国）

ビーフンの入ったお弁当
Kくん（中国）

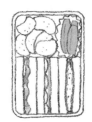
サンドイッチ（ポテトチップスとにんじん入り）
Nくん（オーストラリア）

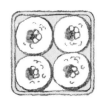
キンパのお弁当
Mちゃん（韓国）

さまざまな国の特色のあるお弁当

　S太くんは「あ、Nくん、お菓子（ポテトチップス）もってきている！　いけないんだよ」と言う。Nくんは「いいんだよ」と言う。保育者は「S太くん、どうしていけないと思ったの？」とたずねる。S太くんは「ポテトチップスはお菓子だよ。うちのママは食べちゃダメだって言うよ」と答える。保育者は「そうなのね。日本だとポテトチップスはお菓子になっちゃうかもね。でも、Nくんのお母さんが住んでいたオーストラリアでは、ポテトチップスをご飯のときに食べたりするんだって。いろいろな考えがあるんだね」と伝える。S太くんは「へー、そうなんだ。いい国だなあ」と、その考えを受け入れ、「でも、俺の弁当はおにぎりだけどね」と言う。「先生のお弁当もおにぎりだよ。先生おにぎり大好き」と保育者が言うと、「俺も！」とNくんも言う。

Point　衣食住にかかわる文化の違いについて、子どもたちが気づくことがあります。違いに気がつくことは、決して悪いことではありません。子どもが違いに気づいたときには、多様性を理解するチャンスととらえ、子どもの考えを聞いてみたり、保育者の考えを伝えたりする中で、さまざまな考え方があることを伝えながら、差別ではなく個性や特性として、お互いを理解できる寛容性を養うことを大事にしていきましょう。

指導法例 16-②　　伝わる言葉を使いながら保護者とかかわる

　明日は園舎の修理のために、駐輪場に工事用の車が入ることになった。そのことを、まだ日本語が十分にできない外国籍の保護者に伝える。

園長「あした、8月25日（紙に日付を書く）、自転車、バイスクルね、停めるところに、大きな車、ビッグカーがくるの。おかあさんの自転車、お庭（園庭のほうを指す）、お庭に停めてください」
外国籍の母親「あ、いつ？　あした？」
園長「そう、イエス、明日。トゥモロー。8月25日（再度紙を見せる）」
外国籍の母親「あさ？　かえり？」
園長「朝も帰りも。モーニング、アンド、イブニング」
外国籍の母親「OK、わかりました」

Point　日本語だけでは通じ合えることがむずかしい保護者とのやりとりには、保育者も負担を感じることが多いことでしょう。しかし、これからの社会は、多様性を受け止めながら、お互いの考えを伝え合っていくことが必要になります。お互いがわかる言葉や方法をていねいに行うことによって、少しずつ関係を築いていくことが大切でしょう。また、最近は便利な翻訳アプリや翻訳機等もあるので、活用してみるのもよいでしょう。ただし、誤変換等も多いようですので、確認をしながら活用するとともに、表情や態度など言葉以外の表現にも注意を払い、少しでも保護者が安心して日本での子育てができるようにしましょう。

Column　やさしい日本語

　大阪府府民文化部都市魅力創造局国際課は、「やさしい日本語を使いましょう！　外国人とのコミュニケーション術」という冊子を作成しています。やさしい日本語にするためには、どのような表現がよいのか等を紹介し、実際によく使用される日本語をやさしい日本語に言い換えて掲載してあります。ホームページからダウンロードができますし、自分でやさしい日本語に言い換える練習もできます。解答例も掲載してありますので、ぜひ挑戦してみてください。いざというときの実践力になると思います。

　日本人がマジョリティー（多数）であるコミュニティで、日本語以外の言葉を使用することはなかなかむずかしいことです。そのため、外国籍等の子どもの場合、園の中で母語を使ってはいけないのではないか、使うことは恥ずかしいことではないかなどと考えている場合もあります。友達とけんかをしたときに母語である中国語を使い、友達に「変な言葉」と言われてから、園生活で一切話をしなくなった5歳の女児の事例を聞いたことがあります。悪気はなかったのだと思いますが、何気なく言った言葉が相手を深く傷つけてしまうこともあります。そのような状況を起こさないためにも、保育者が子どもたちの多様性を受け止め、大事にしている姿を子どもたちに示すことが重要です。

指導法例17−① 　いろいろな国の言葉に触れる（異年齢児クラス）

　3〜5歳の子どもたちが所属する異年齢クラスでは、外国籍等の子どもたちが数人在籍している。そのため、保育者は朝と帰りのあいさつを日本語だけでなく、子どもたちの母語である韓国語、中国語、タイ語、ベトナム語等を取り入れている。

　保育者が「今日はどこの国の言葉であいさつする？」と子どもたちに投げかけて、子どもたちのリクエストを受けて、あいさつをする。3歳児たちもすっかり覚え、上手にあいさつをしている。また、5歳児を中心に、外国籍等の子どもたちの出身国のことを紹介するポスターをつくったりもした。そのポスターを見ながらおしゃべりをしている4歳児もいる。絵本コーナーには、日本で出版されているおなじみの絵本が、日本語版だけでなく外国語版とともに置かれている。ときどき、お迎えに来た保護者に外国語で読んでもらったりすると、日本の子どもたちもとても喜んで聞いている。

　また、この園の園長は栄養士と相談し、外国籍等の子どもの出身国の代表的な料理をメニューの中に取り入れる工夫もしている。味つけのアドバイスを外国籍等の保護者に協力してもらい、日本語のメニューの横に、その国の言語でメニューを書いてもらうなどの工夫もしている。

	おはよう	こんにちは	さようなら	ありがとう
英語	Good morning. （グッモーニング）	Hello. （ハロー）	Good bye. （グッバイ）	Thank you. （サンキュー）
韓国語	안녕하세요 （アンニョンハセヨ）	안녕하세요 （アンニョンハセヨ）	안녕히 가세요 (見送る人) 안녕히 계세요 (見送られる人) （アンニョヒ カセヨ） （アンニョヒ ケセヨ）	감사합니다 （カムサハムニダ）
中国語	早上好 （ザオシャンハオ）	你好 （ニイハオ）	再见 （ザイジェン）	谢谢 （シエシエ）
タイ語	สวัสดี ค่ะ（女性） สวัสดี ครับ（男性） （サワッディーカー） （サワッディクラップ）	สวัสดี ค่ะ（女性） สวัสดี ครับ（男性） （サワッディーカー） （サワッディクラップ）	ลาก่อน ค่ะ（女性） ลาก่อน ครับ（男性） （ラーコーンカー） （ラーコーンクラップ）	ขอบคุณ ค่ะ（女性） ขอบคุณ ครับ（男性） （コープクンカー） （コープクンクラップ）
ベトナム語	Chào buổi sáng （チャオブオイサーン）	Xin chào （シンチャオ）	Tạm biệt （タムビエッ）	Cảm ơn （カムオン）

さまざまな国のあいさつ

※ カタカナ表記は、株式会社明治ホームページ「くらべてみよう！ 世界の食と文化」「世界のあいさつを比べてみよう！」を参考に著者作成。

Point　生活のさまざまな場面を利用して、外国籍等の子どもたちが自分たちの母語や母文化を肯定できるような取り組みをしていくことを工夫しましょう。保育者は、子どもたちに対して母語の指導を直接行うことはできませんが、子どもたちの母文化や母語が堂々と出せるような雰囲気づくりをしていくことはできます。こうした保育者の姿勢があることによって、外国籍等の子どもがありのままの自分を出していけるようになること、母文化や母語を大事にしていこうという気持ちにつながることが期待できます。

指導法例 17−②　学習言語につなげるために（5歳児クラス）

　外国籍等の子どもであるRちゃんは、比較的おとなしくあまり発話もないが、特に園生活では困っている様子は見られなかった。しかし、先日誕生会で「いくつになりましたか？」という質問に首をかしげてしまい答えられなかった。最終的には保育者が「何歳？　5歳？　6歳？」とたずねると意味がわかり、「6」と言った。保育者は、その様子を見て、Rちゃんは日本語が理解できていると思っていたが、もしかすると、周囲の様子を見ながら動いていることが多く、言語的な理解は十分ではないのではないかと思いはじめた。そこで、遊びの場面でRちゃんの発話を促す機会をつくったり、しりとりやクイズなどを使い、Rちゃんが少しでも日本語の感覚を身につけてもらえるような保育内容を工夫をしている。

Point　日常の生活では、いわゆる日常会話である生活言語が使われています。本書第3章でも述べましたが、これは状況に依存した言葉です。しかし、就学後には学習していくための言語が必要になります。カミンズがいう学習認知能力言語、岡本夏木の「二次的ことば」といわれるものです。

　幼いころに文化移動してきた子どもの中には、母語の中断により学習言語の獲得にむずかしさを抱える子どもたちがいます。保育者は、日本語を話せているので大丈夫だろうと考えがちですが、就学後に課題が見つかる場合も少なくないために注意が必要です。そのためにも、子どもたちが楽しく日本語の感覚を身につけたり、学習言語への移行を導けたりするような保育内容を意識的に取り入れていくことも必要です。

　日本語の特徴として、書き言葉を習得するためにも必要になるのは、一音一文字であるという感覚です（本書 p.127 指導法例 19−②参照）。しりとりができるようになるためにも、そうした感覚を身につける必要があります。また、なぞなぞ等は、抽象的な言葉から具体的なものをイメージする力が必要です。「白くて四角くて、柔らかい食べ物なあに？（答え豆腐）」等、抽象的な問いから具体的な答えが見出されており、小学校の算数の文章題と似たような構造をもっています。こうした言葉遊びを通して、日本語の感覚を取り入れていくことはとても大事な経験です。ただし、クラス全体で行うと早く答えを言いたい日本の子どもたちが多く、外国籍等の子どもがじっくりと考えたり、答えられるチャンスがないこともあります。そのため、外国籍等の子どもと一対一や少人数でかかわりながら行うなどの工夫が必要です。

1 外国籍等の子どもの実態や支援について調べてみよう！

① 外国籍等の子どもの実態について調べてみよう。

> **Hint!** 文部科学省や厚生労働省のホームページなどから外国籍等の子どもの実態を調べてみる。
>
> **例①**：文部科学省ホームページ「帰国・外国人児童生徒等の現状について」
>
> **例②**：厚生労働省ホームページ「「外国籍等の子どもへの保育に関する調査研究」について」

② 外国籍等の子どもの支援について調べてみよう。

> **Hint!** みなさんが住んでいる自治体や外国人支援のNPO団体のホームページなどから外国籍等の子どもの支援について調べてみる。
>
> **例**：神奈川県横浜市「みどり国際交流ラウンジ」、保護者向けリーフレット「安心して入学を迎えるために」⇒学校生活の様子や放課後の過ごし方、入学当初の「スタートカリキュラム」の実際を写真で紹介するリーフレットです。日本語、英語、中国語、タガログ語、韓国・朝鮮語、ベトナム語、ポルトガル語、スペイン語版が用意されている。

③ 調べた外国籍等の子どもの実態や支援を仲間同士で意見交換してみよう。

2 子どもの母語を調べてみよう！

① 子どもが身近に感じているもの（果物、動物、身のまわりのもの等）について、あなたが興味をもった国の言語（中国語、韓国語、ベトナム語、タイ語、タガログ語、フランス語、ドイツ語、スペイン語等）を調べてみよう。

② 日本語と調べた言語の両方を記した絵カードをつくってみよう。

> **Hint!** 子どもが身近に感じているものから考えてみよう。
>
> **例①**：果物→りんご　いちご　バナナ　みかん、パイナップル
>
> **例②**：動物→くま　うざぎ　ねずみ　ぞう　らいおん　うま　うし　きりん
>
> **例③**：身のまわりのもの→コップ　皿　スプーン　フォーク　タオル　くつ　かばん　上着

例：中国語

りんご	いちご	バナナ	みかん
苹果 ピン グゥア	草苺 ツァオ メイ	香蕉 シャン ジャオ	橘子 ヂィー ヅゥ

3 外国籍等の子どもの個別の指導計画を作成してみよう！

① 来日したばかりの5歳の外国籍等の男児を想定し、個別の指導計画の内容を考えてみよう。

Hint! 日本語が理解できずに不安で戸惑っていることが想定される。安心や安定のためにどのような援助をすればよいか考えてみよう。

Hint! その子どもが安心するような保育環境を考えてみよう。遊具や絵本、その子どもが生活しやすく、居心地のよい保育室の工夫等を考えてみよう。

Hint! 保護者も慣れない異国での生活に戸惑っていることが想定される。保護者の不安は子どもに影響を与えるため、保護者に対しても安心できるような支援を考えてみよう。また、朝夕のやりとり、園だより、連絡帳などの工夫を考えてみよう。

② ①で考えたことをもとに、個別の指導計画を立案してみよう。

例：

○○年5月　　A男の個別指導計画　　5歳児　　担任：若山葉子		
<前月までの子ども姿>	<ねらい（○）および内容（●）>	○行事
・4月は日本での生活に慣れていないこともあり、また日本語も理解できないために不安そうな姿が多かったが、ブロックが気に入り、数人の男児と一緒に遊ぶ姿も見られた。 ・絵本は言葉がわからないためか、落ち着いてみることができずに立ち歩いてしまったりするが、紙芝居は絵が大きいからか、言葉が理解できないものの一緒に見ることも増えてきた。 ・園生活の決まりなども理解できていないため、安全面への配慮が必要である。	○遊びや生活などを通して、安心して園生活を過ごす。 ○好きな遊びを通して、保育者やほかの子どもとかかわりを深める。 ○少しずつ日本語に親しむ。 ○誕生会に参加する。 ●好きな遊びを楽しむ（ブロック、サッカーなど）。 ●わからないこと困ったことなどを、母語や身振り等で保育者に伝えようとする。 ●遊びや園生活のルールを知り、理解しようとする。 ●母語や簡単な日本語で保育者や友達とかかわることを楽しむ。	・誕生会、母の日の製作 ○関連機関や保護者との連携 ・中旬に通訳の人を交えて個人面談を行う予定

<環境構成>
保育者も一緒に遊びに参加し、トラブルになりそうなときは介入できるようにする。

○友達や保育者とサッカーを楽しむ。走ること、ボールが得意な様子で園庭でも元気に遊べるようになった。
※体を動かす心地よさを感じられる中で、園生活の楽しさが理解できるようにする。

○母の日の意味をA男の母語で伝え、大好きなお母さんへのプレゼントが一緒につくれるように心がけたい。
○愛鳥週間の意味もできるだけ伝え、製作活動にも積極的に参加できるよう無理なく誘っていきたい。

園庭：サッカー・砂場

○母の日の製作・愛鳥週間

<生活および健康面への配慮>
・日本での慣れない生活は疲れると思うので、家ではゆっくり休めるようにお願いする。
・着替えや手洗いなど、あまり自ら行う姿が見られないため、きれいになったことの気持ちよさを感じられるようにかかわる。
・日本食の給食を食べない様子が見られる。水分補給には気をつけ、無理せず、自分から食べようとする気持ちを育てたい。

ブロック　　A男　　誕生会

ブロックが気に入り、自分がイメージしたモノを組み立てて遊んでいる。J男やH男と一緒にブロックをすることが楽しいようで、笑顔が見られるようになった。この関係を大事にして、園生活を楽しめるようにしたい。

○先月はじめての誕生会に出たが、様子がわからず不安そうだった。今月は一緒に遊んでいるH男の誕生会でもあるので、行事の意味がわかるようにしていきたい。
○一緒に歌をうたったり、保育者のパネルシアターを楽しんだりする。歌はうたえるところだけでも一緒にうたっていきたい。紙芝居も見られるようになったので、パネルシアターも楽しめることを期待したい。

③ 考えた指導計画を仲間同士で発表し、意見交換をしてみよう。

Part 2

第8章

領域「言葉」と就学後の生活や学びについて学ぼう

1．話すこと、聞くこと、伝え合うことの経験

　教育要領の「幼児期の終わりまでに育ってほしい姿」の「言葉による伝え合い」には、「先生や友達と心を通わせる中で、絵本や物語などに親しみながら、豊かな言葉や表現を身に付け、経験したことや考えたことなどを言葉で伝えたり、相手の話を注意して聞いたりし、言葉による伝え合いを楽しむようになる」と示されています（本書 p.147 参照）。これは保育指針、教育・保育要領でも同様です。「幼児期の終わりまでに育ってほしい姿」は、領域のねらいと内容に基づいて幼児期にふさわしい生活や遊びを積み重ねていくことにより育つ子どもの具体的な姿です。では、領域「言葉」の視点から5歳児の姿を見ていきます。

（1）話すこと

　経験したことや考えたことを言葉で伝える姿が多く見られるようになります。4歳ころまでは話したいという自分の気持ちが優先されますが、5歳ころになると次第に相手を意識して相手にわかるように話せるようになっていきます。自分より小さい子どもには、その年齢を考慮して話せるようになるなどです。さらにほかの人に何か伝えようとするときに、理由や背景を話したり、感動を相手に伝えようとしたりする姿も見られます。

　また過去、現在、未来などの時間の概念の理解ができるようになりますので、話の内容がより具体的で正確になります。たとえば「昨日は風邪を引いたから、保育園をお休みしたの」など、時制を表す言葉や、背景・理由の言葉が含まれるようになるのです。保育者は、子どもが伝えたくなるような雰囲気をつくり、園生活では誰かに話したくなるような発見や感動の体験をたくさん積み重ねられるよう、環境を整えていくことが大切です。

（2）聞くこと

　5歳児になると、ある程度の時間（10〜15分程度）は集中して話が聞けるようになるため、保育者や友達の話を聞くなどの機会が増えてきます。興味のある内容であれば、「絵」がなくても、内容をイメージしながら聞けるようになり、素話などの方法でお話の世界を楽しむこともできます。「自分の話を聞いてもらう」という体験が重なることで、人の話が聞けるようになり、それが楽しいことだとわかるのです。

小学校での生活を意識し焦ってしまうと、保育者は、つい子どもの「静かに話が聞ける」というわかりやすい姿に注目してしまいがちです。しかしその子どもが本当にその内容に興味をもっているのか、イメージして楽しんでいるか、という視点からも観察が必要です。興味がもてる、イメージができるという内面の育ちが本当の意味での聞く姿勢につながっていくからです。保育者は、「静かに聞きましょう」と聞く態度への言葉かけだけではなく、親しい人に話を聞いてもらう喜びや楽しい話を聞く喜びを十分に経験しているかどうか意識していくことがまずは大切です。そして、そのような経験を通して、人の話を聞くことは楽しいということを実感していきます。その感覚が態度となり、自然と「聞く姿勢」として身についていくのです。

（3）伝え合うこと

友達を思いやる気持ちや共感する気持ちが育ってきますので、子ども同士の話し合いで何かを決めたり、問題を解決できたりするようにもなります。正確に伝えられるようになるので、伝言ゲームなども楽しめるようになります。園からの伝達事項を家庭に伝えたり、家庭からの伝言を自分でも説明したりもできるようになります。このようなことができるようになる土台として、自分の話を肯定的に聞いてくれる人の存在が必要でしょう。

2. 文字への興味・関心

子どもの生活は、さまざまな文字に囲まれています。しりとりやなぞなぞ、カルタ遊び、言葉遊びなどを十分に楽しむ経験をした子どもたちは、次第に文字に興味をもつようになります。散歩に出かけたときには、看板などにひらがなを見つけて、自分の知っている文字を拾い読みしたり、「これ、なんて読むの？」と大人にたずねたりします。子どもが興味をもったタイミングをとらえて読み方を伝え、五十音表をさりげなく保育室に掲示したり、写真とともに素敵な言葉を飾ったりするような環境をつくることが大切です。また、文字に興味をもつ時期には、個人差が大きいことを配慮しましょう。その子どもの体験や興味、発達を把握し、文字への興味を急がせることなく育てていきましょう。

◀)) 保育実践の Point ❗

● 話したくなる雰囲気を大切にする
子どもが話したくなるような雰囲気（肯定的に聞いてもらえる場）を大切にしましょう。思わず話したくなるような発見や感動の体験ができる環境を用意するとよいでしょう。友達との共通の体験も大切です（みんなで同じ絵本を読む、お話を聞くということも意味があります）。

● 楽しい話を聞く体験を大切にする
「静かに聞きましょう」と子どもに言う前に、イメージを膨らませてワクワクしながら聞くという体験を、保育の中でつくることができているか振り返ってみましょう。

　年齢が小さいうちは、自分の思いを伝えたいという気持ちが先になって一方的に話すことが多いですが、５歳児くらいになると、相手が話しているときは待ったり、相手の質問の意味を理解しようとしたり、自分の言葉を相手が理解していないと思うと、さらに言い方を工夫してつけ加えたりするというようなことも、できるようになっていきます。言葉のキャッチボールがスムーズになっていくのです。

指導法例18−①　なぞなぞ遊びを通してイメージを広げる（５歳児クラス）

　５歳児クラスのＹ子ちゃんとＪ乃ちゃんは、保育者がいつも使っているなぞなぞの本を絵本コーナーの本棚で見つけた。字が読めるようになった２人は、お互いに本を見ながらなぞなぞを出し合って、楽しんでいる。また、本には載っていないなぞなぞについても、これまでのやりとりを思い出して出し合っている。

Ｙ子ちゃん　「パンはパンでも食べられないパンはな〜んだ！」

「え〜〜？　ヒントは」Ｊ乃ちゃん

「うーんと、お台所にあるよ」

「あ、フライパン!!」

　ほかにも「そこにあるのに、ないものなーんだ？」「夕ご飯は、なんじでしょうか？」などとなぞなぞ遊びは続いていく（前者の答えは「梨」、後者の答えは「５時（５文字）」）。
　このように積極的に言葉のやりとりをしてイメージを広げ、想像力を豊かに働かせている。

Point　このころの子どもの語彙数の範囲は2,000語を超えています。５歳児のおわりころには、3,000語を超えるほどの語彙数になる場合もあります。また、幼児語や幼児音が減少して、大人と同じ構音に近づきます。発音がはっきりしてくるので、言葉のやりとりがスムーズになり、次第に大人とのやりとりだけでなく、子ども同士でなぞなぞやしりとりをするようになります。さらに逆さ言葉や回文、早口言葉なども楽しむようになります。「となりの客は、よく柿食う客だ」などのみんながよく知っている早口言葉だけでなく、オリジナルの早口言葉をつくったり、「ふとんがふっとんだ！」などのダジャレを言い合ってケラケラと笑い合う姿も見られます。
　保育者はさまざまな活動を通して、話す機会、聞く機会をもつようにし、子どもが楽しい経験を積み重ねていけるよう、配慮していくことが大切でしょう。

指導法例 18−②　相手の立場になって伝える（5歳児クラス）

夏の「すいか割り」やお正月遊びの「ふくわらい」をするなどの活動では、相手の立場に立って「右」「左」「もう少し前」「もっと上」などと伝えられるようになる。

Ｈ奈ちゃんがふくわらいをしていると、友達が集まってきて「目はもうちょっと下だよ」などと伝えています。Ｈ奈ちゃんも「このへん？　もう少し下？」と言いながら手を動かしている。

Point　5歳児の後半になると、右と左がわかる子どもが増えていきます。自分から見たとらえ方と相手から見たとらえ方の違いを理解する子どももいます。空間だけでなく、時間の概念の理解も深まっていきます。「昨日」や「明日」という言葉を適切に使ったり、「明後日」が言えなくても「明日の明日」などと言いながら説明したりします。

季節についても把握していきます。「秋はね、葉っぱが赤くなるんだよ」「寒くなってきたから、もうすぐ冬だね」というような季節を話題にした会話もできるようになります。

保育者は、そのような時間や空間、季節に関するやりとりをしながら、子どもの理解を確認していきます。また、時間の流れを感じられるように「長い針が6になったら、片づけようか」「この続きは午後、給食のあとにまたやればいいじゃない？」などと言葉をかけることにより、子どもも見通しをもって生活をすることができます。日常的なそのようなやりとりの積み重ねが、子どもの概念を育て、言葉を増やしていくのです。

 Column　経験を話す

話し言葉は、小さな年齢のうちは、一対一の関係で、自分のことをよくわかってくれる人に向けて気持ちを伝えることが中心です。5歳児くらいになると、クラスのみんなに向けて話す機会が多くなっていきます。今日の楽しかったことをクラスのみんなの前で発言したり、何かを決める際、自分の意見を言ったりする場合です。

最初のうちは、自分の経験を話す際も「動物がたくさんいました」など、印象に残っていることを中心に話しますが、次第に「みんなで遠足に行ったとき、動物園に入って……」などと、順序よく、具体的に、聞いた人がよくわかるように話すことができるようになります。このような機会を無理なくつくっていくことも大切です。こういった経験の積み重ねが、その先につながる書き言葉のベースになっていきます。

　子どもの文字への興味には、個人差があります。早い子どもは3歳で文字を読みはじめますし、5歳になっても興味を示さない子どももいます。保育者は、さまざまな場面で子どもたちが文字に親しみをもてるように環境を整えていきますが、その際のかかわりとして、子どもの興味・関心のタイミングをとらえるということを大事にしていきましょう。個人差が大きいことをよく理解して、決して無理をさせない配慮も大切です。

 指導法例 19−①　日常の中で文字に触れる機会を増やす（5歳児クラス）

「お手紙書きたい」

　5歳児クラスの年明け、年賀状のやりとりの経験が話題になっていたので、保育者がポストを用意した。すると予想通り「お手紙を書きたい」と言う声が、子どもたちからあがった。

「切手もつくりたい」

　はがきサイズの画用紙とペンを用意すると、手紙を書きたいと考える子どもたちが集まってくる。「切手もつくりたい。切手はまわりがギザギザになっているんだよ」「先生、ギザギザに切れるハサミを使いたい」ということになったので、保育者はピンキングばさみを用意した。すると切手の大きさに紙を切って、思い思いの絵を描いて切手ができあがった。

文字で気持ちを伝えたい

　はがきに見立てた画用紙には「あそぼうね」などと友達に気持ちを伝える文字を書きはじめた。裏の宛名の面には「〇〇ちゃんへ」などとロッカーの名前の表示を見ながら書いている。

保育者の配慮

　保育者はこの遊びの様子を見て、五十音表をテーブルに置いて、子どもたちが参照できるように環境を整えた。字を書くことがまだむずかしい子どもは、絵を描いたり、保育者に教えてもらいながら手紙を書いている。

Point 　生活の中で必要に応じて文字や数字に触れられるような機会を増やしていきます。話し言葉も書き言葉も、必要に応じて子ども自身が獲得していくものです。

　子どもが興味をもったタイミング、必要に迫られたタイミングで環境を整えます。クラスのカレンダーにみんなの予定を書き込むというようなことも、できるようになっていきます。領域言葉の3歳以上児の内容の（10）の「日常生活の中で、文字などで伝える楽しさを味わう」という項目の具体的なところです（本書 p.22 参照）。幼児期は、遊びや生活を通して文字に興味・関心がもてるようにしていくことが大切です。

指導法例 19 — ② 　一文字一音の対応が理解できる遊びへのかかわり（5歳児クラス）

　5歳児クラスでは、カルタ遊びをする姿があちらこちらで見られるようになる。
　文字を読める子どもが読み手になり、ほかの子どもは読み手が発する最初の文字を聞いてそのカードを取る。
　まだ文字の認識があまり進んでいない子どもは、絵から判断してカードを取っているが、繰り返すうちに、少しずつ文字がわかってくる。

Point 　カルタやしりとり遊びを楽しむためには、一文字一音の対応が理解できている必要があります。たとえば「あひる」という言葉は「あ」と「ひ」と「る」の音に分解できることがわかっているということです。カルタの場合は最初の「あ」の文字を切り取って考えてカードを取り、しりとりの場合は最後の「る」の文字を切り取って、その音によって次の言葉を考えます。幼児期の子どもたちは、このように遊びの中で自然と文字への関心が高まり、理解を深め、感覚を豊かにしていきます。

　子どもたちが興味をもったタイミングで、いつでも絵本に触れられるような環境を整えておくことが大切です。絵本コーナーには物語の絵本だけでなく、科学絵本や図鑑など、さまざまなジャンルのものがあるとよいでしょう。子どものさまざまな興味が文字へのアクセスにつながります。

1 園と小学校の言葉に関する活動内容を比べてみよう！

① 例のように園と小学校での言葉に関する主な活動を書き出してみよう。

園（5歳児クラス）での「言葉」に関する主な活動	小学校低学年での「国語」の内容
（例） ・ごっこ遊び ・カルタ	（例） ・平仮名など文字の練習 ・教科書のお話を読む

② 書き出した活動内容を見比べて、どのような違いがあるか考えてみよう。

③ 領域「言葉」と小学校学習指導要領の「国語」の該当箇所を読んで、その違いについて考えてみよう。

2 言葉について広い視点から考えてみよう！

① 第3章（本書 p.69 参照）で確認した岡本夏木の「一次的ことば」と「二次的ことば」という概念について、調べて、整理し、自分の言葉で書いてみよう。

② 領域「言葉」は園生活のすべての生活や遊び（他の領域）とつながっている。その具体的な事例をあげてみよう。

③ 小学校の「国語科」は学校生活の生活や学び（他の科目）とつながっている。その具体的な事例をあげてみよう。

> **Hint!** 領域「言葉」と小学校の「国語」では、目指す方向は同じであっても、アプローチの仕方に違いがあることが理解できたか。

> **Hint!** 領域「言葉」や小学校の「国語」は、すべての領域や科目の土台となる存在であることが理解できたか。

Column 幼保小接続（架け橋プログラム）

　就学前の5歳児クラスと小学校1年生の2年間を「架け橋期」とし、幼保小の接続を、より連続性のあるものにしていこうとするカリキュラムの開発が進められています。これは、「架け橋プログラム」といわれています。このカリキュラム開発は2022（令和4）年度からはじまり、全国のさまざまな地域で進められています。

　幼保小接続については、すでに示されている「資質・能力」と「幼児期の終わりまでに育ってほしい姿」いわゆる「10の姿」（本書 p.147 参照）により、小学校以降の教育の基盤を幼児期に育成していくということは明確になっています。それを、この「架け橋プログラム」により、実質的なものとしていくということなのです。

　幼保小接続というと、小学校に行って困らないようにという配慮を園側が行っていくというイメージがあるかもしれません。たとえば、「小学校に行って困らないように、5歳児になったら、自分の名前くらいは書けるようにしておかなければ」というようなことです。しかし、この幼保小接続の目的は、幼児教育が小学校教育の前倒しや下請けのようなことをしていくということではありません。幼児期においては、教育要領や保育指針等において述べられた考えを、もっと深めていこうとするものですし、小学校1年生においては、すべての教科において、幼児期の教育の発展としてとらえ直し、改善を図っていくということになるのです。

　園は「入学までに自分の名前くらいは書けるようにしておかなければ……」という切羽詰まった発想ではなく、遊びの中で、自ら文字に興味をもつような環境を用意していく、というようなことを考えます。たとえば、お店屋さんごっこの中で看板づくりをしたり、病院ごっこを楽しむ中で診察券づくりをしたり、郵便屋さんごっこの中で手紙を書こうとしたりする……、そんな姿を大切にしていくということです。そのような遊びを通して、子どもが主体的に環境にアクセスしながら、無理なく学びに向かっていく姿を保障するのです。

　小学校では「入学したら、少しでも早く小学校の学びのスタイルを植えつけなければ」という発想で「まっすぐ前を向いて、45分間、話を聞けること」をすぐに求めていくのではなく、これまでしてきた、園のみんなで丸くなって集まって話を聞いたり、お互いの顔を見て気持ちを伝え合ったりする経験を生かして、そのスタイルを取り入れながら、次第に小学校の学びに、無理なく向かっていくという配慮をしていくというようなことです。授業のときに、みんなで集まって、絵本の読み聞かせをしてもよいと思います。そのあたりの工夫は、さまざまです。

　「プログラム」と呼んでいても、特定の活動を全国的に一律に行おうということではありません。自治体とその地域の園・小学校が協力し、保育者と小学校の教員が一緒に研修をしたり、互いに訪問し合ったりしてその様子を見ながら、具体的な連携の方法を考えていくということなのです。

Part 3

Step up!

保育実践の学びを深めよう

第1章 遊びを通した総合的な指導の展開について学ぼう

1．子どもの遊びと保育内容5領域

「遊びを通した総合的な指導」が保育の基本として重視されていることは、すでに学んだ通りです（本書 Part 1 第2〜3章参照）。子どもは遊びの中で、心身全体を働かせて活動しています。子どもは、一つの遊びの中においても、心身のさまざまな発達に必要な経験を同時にしており、それらが相互に関連し合いながら、総合的に発達していきます。では、子どもの遊びの重要性と5領域の関連について事例を通して学びましょう。

（1）保育における子どもの遊び

子どもの生活の中心は遊びです。子どもは、自ら周囲の環境に多様な方法でかかわり、夢中になってそのかかわりそのものを楽しんでいます。保育における遊びは、何らかの成果を目的にしたり、誰かに強制されたりして行うものではありません。子どもが自発的に環境にかかわり、そのかかわり自体を楽しんで行う活動が遊びです。

事例1

「どれが浮かぶ？」（4歳児クラス）

午前中の雨で園庭には大きな水たまりがいくつもできた。午睡から目覚めたA斗くんは「水たまりができてる！」と、園庭に飛び出す勢いである。午後は保育室で過ごすことが多いが、A斗くんの姿からおやつ後、園庭で遊ぶことにした。早速水たまりに向かって走っていくA斗くんとN也くん、C介くんは勢いよく足でバシャバシャと水しぶきを上げうれしそうである。その横を食品トレイや空きカップを抱えてY吾くん、E太くんが通りかかったとき、Y吾くんが転んでしまった。手にもっていたトレイが落ち水たまりに1つ浮かんだ。「おふねみたい」とN也くん。「ほんとだ」と転んだY吾くんも立ち上がり、落ちていたトレイをもう1つ浮かべた。小さなトレイと大きなトレイが浮かび、「ママふねと、赤ちゃんふねだね」とE太くんが言う。A斗くんが近くにあった皿を浮かべようとするがうまく浮かばない。「なんで？」と不思議そうなC介くん。子どもたちは、「平らなほうが浮かぶよ」「重いのは浮かばないんじゃない？」と、園庭や保育室から浮かびそうなものを探して夢中になって試している。

事例1では、子どもたちが水たまりという環境に自らかかわり、「浮かべる」という楽しさに出会って、夢中になって遊んでいます。保育において大切にされる遊びとは、この

ように楽しさを基盤とした自発的で主体的な取り組みといえるでしょう。子どもたちは遊びに没頭する中で、考えたり、試したりする経験を通して、ものの材質、大きさ、形、重さ等の違いに気づくなど、そこには多くの学びがあります。その背景には、水たまりにかかわりたいというＡ斗くんの姿を見逃さなかった保育者の配慮や、日常から自由に使うことのできる豊富な遊具や素材等の環境構成、遊び込める温かな雰囲気がありました。豊かな遊びを支えているのは、子どもが自らかかわりたくなる豊かな環境と、その環境に思う存分かかわることができる安心感と時間の保障です。

（2）子どもの遊びにおける５領域の経験

　子どもが遊びを楽しむことが基本ですが、保育者はその遊びが子どもにとってどのような意味をもっているかを読み取ることが重要です。子どもの遊びの様子を具体的に把握し、その遊びの中で経験していることが５領域とどう関連しているかとらえ、子どもの発達を見通します。

> **事例2**
>
> ### 「ねこの町づくり」（５歳児クラス）
>
> 　前日、ねこの絵本をクラスで楽しんだことから、<u>イメージが膨らんで</u>^{言）表）}朝から「ねこの町をつくろう」ということになり、ホールに移動して女児数名で相談がはじまった。「ねこのおうちはどこにする？」とＨ香ちゃん。「おうちもいるけど、町だから……」「ねこの学校とかもほしい」「お店も！」「病院も！」「ねこの電車をつくるのはどう？」と<u>それぞれの思いや考えを言葉にして伝え合っている</u>^{言）}。「病院はここにする？」「学校はここ」と相談して^{言）}場所を決めていく。Ｂ沙ちゃんは紙に「びょういん」「がっこう」と文字を書いて^{環）言）}それぞれの場所に置く。<u>大型積み木を組み合わせて</u>^{環）健）}病院や学校、お店の建物をつくるＨ香ちゃん、Ｃ奈ちゃん、Ｊ美ちゃん。製作が得意なＢ沙ちゃんとＥ子ちゃんは、<u>「お店で売るものをつくるね。ねこのすきなものにしよう」</u>とつくりはじめた^{表）}。ときどき、「これはどうしたらいい？」「こうするのはどう？」と<u>互いに相談したり、意見を言い合ったりして</u>^{人）言）}、ねこの町が形になっていった。一方、ねこの電車づくりが進まず、保育者からのアドバイスで、<u>「Ｓ吾くんにお願いしてみよう」</u>ということになった^{人）}。Ｓ吾くんやほかの男児たちも加わって、ビニールテープの線路ができあがった。<u>ねこになりきった女児たち</u>^{表）}がうれしそうに<u>線路の上を走りまわる</u>^{健）}。Ｓ吾くんたちは「電車もつくるから、手伝って」と張り切っている^{健）}。
>
> ※ 健：健康、環：環境、人：人間関係、言：言葉、表：表現を表し、これらの領域に関連する箇所を示す。

　事例２では、子どもたちがそれぞれの思いや考えを言葉にして伝え合うことで、イメージを共有し、ねこの町を形にしていきます。こうした姿はまさに領域「言葉」に関する経験といえるでしょう。また、仲間同士で助け合ったり、よさを認め合う姿、ねこになりきっている姿からは人間関係や表現に、積み木を運んだり、組み合わせてつくったりする経験は、健康や環境にかかわる経験でもあります。このように子どもは一つの遊びの中でも複数の領域にまたがる経験をしています。子どもの遊びを５領域の視点でていねいにとらえ、遊びを通して総合的に発達していくことができるよう保育を展開することが大切です。

２．主体的・対話的で深い学びにつながる活動実践

「遊びを通した総合的な指導」の展開において、子どもの遊びが豊かであることが求められます。子どもの遊びや活動が、「主体的」であるか、「対話的」であるか、「深い学び」につながっているか、この３つの視点で、豊かな遊びの実践事例を見てみましょう。

実践事例	伝えるって楽しい！

　私たちの園は東京都にある認可保育所です。本園では、「一人の夢がみんなの夢になる。一人の幸せがみんなの幸せになる」という保育理念を実現するため、一人一人の子どもの「やりたい！」という願いや夢を保育者自らも一緒になってとことん楽しむことで、豊かな学びと成長を日々大切にする保育を行っています。

　ここでは、"人前に出ることや表現することが恥ずかしい""自分の行うことに自信がもてない"姿があった５歳児クラスのＩ介くんが、大好きな恐竜や虫との出会いから自分に自信をつけ、"表現することが楽しい！""伝えたい！"と自ら発信することを通して、クラス全体の活動への広がりにつながる子どもたちの実践を紹介していきます。

（１）恐竜 ── 「恐竜づくり」と「あいうえお表」

　恐竜が好きなＩ介くんが廃材で恐竜や恐竜の世界をつくり遊ぶ姿があったため、どの恐竜をつくったのかがわかるように写真に撮り、恐竜の名前を書くことを提案しました。あいうえお表を見ながら書いていたのですが、知っている恐竜の名前をどんどん書き起こしていくことが楽しくなっていく様子が見られました。

　すると、「恐竜であいうえお表をつくったらいいんじゃない？」と、"あ……、あんきろさうるす、い……いぐあのどん"というように、頭の文字が"あ"から順番になるように恐竜の名前を書き上げていく姿が見られました。"ん"はどうするのかと見守っていると、「最後はもちろん、"ぷて␞らのどん"だよね！」と、書き進めながらも、最後は大好きな恐竜で締めることを心に決めていたようで、達成感であふれた表情とともに、完成したあいうえお表を見せてくれました。

　この日々少しずつ書き進めていく姿を見ていたクラスの子たちも、"なんか楽しそう……！"という

思いからか、文字を書いてみようとする機会が増え、クラス全体に文字への興味が広がっていきました。「恐竜のあいうえお表」を見ながら文字を書く姿や、「こびとづかん」（なばたとしたか『こびと大図鑑』ロクリン社、2015）が好きな男の子がきっかけではじまった「こびとづかん」ごっこも今までは絵を描くことや絵本を読むことで楽しんでいましたが、こびとの名前や特徴・生息地などを加えて自分たちの「こびとづかん」をつくったり、こびとになりきる際に名札をつくったりする姿が見られました。

▶▶▶ 保育者の気づきから ∞∞∞∞∞∞∞∞∞∞∞∞

図鑑を見ずにどんどん出てくる恐竜の種類の知識の豊富さと、恐竜の名前を使ってあいうえお表をつくるという発想に驚いた。文字に興味がなかったほかの子どもたちも、既存のあいうえお表ではなく、恐竜のあいうえお表を使って文字を書く姿があり、クラス全体の子どもたちへの影響力も大きかった。

（2）昆虫 — 図鑑づくり

「恐竜づくり」から「あいうえお表」の作成の活動を通して、文字や生き物への関心がI介くんをはじめ、クラスでも高まっていきました。このような中で、何の虫を捕まえたのかその場でわかるよう

図鑑を公園にもって行く姿や、どのような虫を捕まえたのか書き留める姿が生まれました。自分の知識を共有しながら書き表すことに喜びを感じる姿があったことや、虫探しや虫への愛を近くで感じていく中で、捕まえて逃がしてしまうだけではもったいないということを感じ、形に残すことができ、よ

り虫に詳しくなってほしいという願いを込め、獲った虫を写真に収め、そこに名前や特

徴などを書いていくことを提案しました。本園では、保護者に日々の遊びの姿を伝えるために、写真を撮って子どもの姿を文章とともにインターネット上に掲載できるサイトを使っています。日ごろ家庭でも、保護者と写真を通して日々の遊びについて話をしている子どもたちにとって、写

真と文字を通して表現して伝えるということはイメージしやすいのではないかと思ったからです。

　すると「今日は何匹捕まえられるかな？」「先生！　捕まえたから写真撮って！」「この虫は○○ってところにいるんだって！」と、"オリジナルの昆虫図鑑"の活動へと広がっていきました。つくっていくうちに本物の図鑑のように分厚くなっていくことに喜びを感じ、「もっと捕まえるぞ！　図鑑つくるぞ！」と、より虫探しにも力が入るようになりました。また、自分たちの図鑑をつくるために、さらに図鑑を読み込むことで虫に対しての知識も深まっていきました。その図鑑を見て、「トンボ、捕まえるの大変だったよね」「バッタは○○公園にたくさんいるんだよね」「カマキリを捕まえるなら△△公園がいいよ！」と、捕まえたときの出来事を振り返ったり、友達に紹介したりする姿がありました。

▶▶▶ 保育者の気づきから

　　I介くんは、今までは図鑑などを通して昆虫の特徴や生息場所などをインプットする楽しさを味わっていたが、図鑑づくりをはじめてから、文字を書くことや言葉で伝えることでアウトプットする楽しさを感じはじめているようである。クラスの子どもたちも日々一生懸命虫を捕まえては1ページずつコツコツと図鑑をつくっている男児たちを見て、虫がいると、「I介くん、虫いたよ！」と教えてあげる姿や、「何か見たことない虫いるんだけど、知ってる？」と頼る姿も見られた。

（3）カマキリの捕食

　D吾くんが家からもってきたカマキリがバッタを食べていたことから、「ほかにはどんな虫を食べるのか？」という興味が生まれ、チョウチョウやコオロギなどを同じかごに入れて観察する姿がありました。「かわいそう」「でも食べないと大きくならないよ」などと、それぞれの思いを言葉で伝え合うことで、友達の思いにも気づきながら、自分の思いや葛藤を整理しているようでした。

また、「運動しないとお腹が空かないよ！」と虫かごからカマキリを出し、保育室の中で歩かせることにしました。しかし、「お部屋の中を歩かせていたら踏んじゃうよ！」という友達の声を聞き、「外で歩かせる？」「でも逃げちゃうよ！」「じゃあ、網をつける？」とどのようにし

たらよいか話し合う姿が見られたため、自由に大きさを変えられるようにと思い、排水ネットを用意しました。すると、プランターにネットをかけて虫かごより広く、より自然に近い状態でカマキリが運動できるようにしてあげる姿がありました。

▶▶▶ **保育者の気づきから**

　　捕まえてきた虫を食べさせることに複雑な気持ちもあったが、子どもたちにもその気持ちの葛藤を感じてほしいと思い、帰りの会でも取り上げた。帰りの会でこの出来事をクラス全体にも伝えてくれたことによって、日ごろの食事とも関連づけながら、"命をいただく" ということまで深く考えるいい機会になった。

（4）カマキリの捕食を表現する

　カマキリの捕食について考えたり、友達と語り合ったりしたことでカマキリへの思いが強くなったと同時に、カマキリのカマや強さにあこがれをもち、カマキリになりきりたくなったＩ介くん。そのことがきっかけとなり、カマキリの捕食をともに楽しんでいた友達も虫になりきり、"カマキリの捕食ごっこ" がはじまりました。

　カマキリの捕食ごっこを楽しむ中で、カマキリだけではなく、チョウチョウ・ハチにもなりきることにした男の子たち。「カマキリのかっこよさを伝えたい！」「チョウらしさを伝えたい！」「ハチも強いって見てほしい！」という思いを抱く姿があったため、それぞれどうしたらその思いが伝わるかを、対話しながらともに考えていきました。そして、日ごろの遊びの姿を披露する活動である「わくわく＆ハッピーSHOW」の時期が近かったこともあり、その機

会に披露することにしました。

　伝えたい気持ちがある一方で、舞台の上に立つと緊張や恥ずかしさが勝ってしまうこともあったため、公園や保育室などの舞台上ではない空間で、自由に楽しみながら昆虫になりきる機会を設けました。すると、それぞれのイメージをより具体的に「チョウチョはもっとこうやって飛ぶんだよ！」と身振り手振りを使って伝えていたり、「外で遊んでるとさ、大きい声、出るよね？」と気づくことがあったり、何かにたとえながら表現すると相手に伝わりやすいということに気づいたりする姿がありました。そこから、殻が破れたかのように舞台上で昆虫になりきりポーズを決めたり、胸を張って大きな声を出して発表したりする姿に変化していきました。とくにＩ介くんは大好きなカマキリになりきって自由に表現する姿を、人前で披露したことに自信をもち、見てもらうことにもまた充実感を味わっているようでした。クラスの子どもたちから「Ｉ介くん、すごくかっこよくなった！」「なんか楽しそうだよ！」と声をかけてもらったり、保育者だけでなく、子どもたちもＩ介くんの成長に気づいているようでした。

▶▶▶ **保育者の気づきから**

　舞台上ではない空間で、友達と思いを伝え合いながらイメージを共有していくことで、気持ちが一つになり、自信がついていっているように感じた。彼にとってこの活動の出来事が大きな成長につながったと感じる。また、クラスの子どもたちもＩ介くんの姿に感化され、披露することが好きな子どもたちは "どうしたらもっと素敵に伝わるか" を考えていたり、披露することに恥ずかしさを感じたりしている子どもも、背中を押されるように "やってみよう！" と堂々と披露する姿が見られた。

（5）もっと伝えたい！　挑戦したい！

　「わくわく＆ハッピーSHOW」の活動を通して自信をつけてから、自分の好きなことや思いを発信したい気持ちがあふれ出るようになったＩ介くん。帰りの会の発表タイムでは積極的に発表するようになり、自分の知識を生かしながら夢中で昆虫クイズをつくり出すなど、自ら友達に伝える表現を考え、違った表現方法でとことん遊び込む姿が見られました。そのため、クラス内だけでなく年下の友達の前でも披露する機会を設けると、年下の

子どもたちからもあこがれの的になり、頼られる存在になりました。年下の友達に虫のことを、「どうやったら、そんなにたくさん虫を捕まえられるの？」と、聞かれたときは、「虫さんがびっくりしないように、そっと近づくけど、アミを出すときはパって早く出すんだよ！」と、わかりやすいようにと、かみ砕いて説明する姿も見られました。

また、夏ごろからクラスの中で大縄も盛り上がっていたのですが、気になる様子はあるものの、苦手意識があり、挑戦する様子が見られなかったＩ介くん。しかし、ハッピーSHOW本番をおえた翌週に、「僕もやりたい！」と挑戦する姿が見られました。自信が背中を押してくれたのだと感じました。

▶▶▶ 保育者の気づきから ～～～～～～～～～～～～～～～～～～～～

　今までは、思っていることや知っていることを個別に伝えにきてくれたり、友達に教えてあげる姿は見られたが、ハッピーSHOW後から、「みんなに発表したい！」と家から製作物をもってきたり、帰りの会で「今日は〇〇が楽しかったです！」と進んで発表したりするようになった。また、大縄では、保育者はＩ介くんに挑戦してほしいという思いがありつつも、Ｉ介くんのタイミングで挑戦してほしい思いが強かったため、見守っていた。ハッピーSHOWをきっかけに、自ら挑戦した姿を見て、保育者が言葉や行動で援助することも大切だが、子どもを信じて待つということも同じぐらい大切であると感じた瞬間であった。

～～～～～～～～～～～～～～～～～～～～～～～～～～～～～～～～～

（6）学びを振り返る

　はじめは人前で話すことだけでなく、友達に自分の思いを伝えることさえ恥ずかしがっていたＩ介くんですが、虫や恐竜といった自分が好きで夢中になれるものに出会い、とことん遊び込みながら自信をつけていったことによって、自ら"伝えたい！"という姿に変化していきました。

　また、クラスの子どもたちもそれぞれが好きなことや興味のあることを通して、自信をつけたり、「〇〇のことなら〇〇くんに聞けばいいね！」「〇〇ちゃんって〇〇が素敵だよね！」とそれぞれの得意なことや友達の素敵なところに気づき、互いを尊重し合ったりするような関係になりました。

　子どもの可能性のすばらしさに改めて気づかされた一年であり、この実践からは苦手なことを克服しようとすることも大切ですが、苦手意識をもっていることも、得意なことや好きなことを通して、自然と子ども自らが克服していく姿を応援し見守っていくことが大切なのではないかということに気づかされました。

3．実践事例から学ぶ

（1）「主体的な学び」：好きなことに出会い、没頭して遊ぶことから

　この長期的な実践事例には、子どもたちが伝え合うことの喜びや楽しさを実感するまでの学びの物語があります。物語のはじまりは、Ｉ介くんの恐竜への興味でした。

　Ｉ介くんは大好きな恐竜をいくつもつくり遊びはじめます。何気ない場面ですが、そこにはＩ介くんがつくりたい恐竜をイメージし、つくることのできる素材や道具という環境があります。そしてその環境に自由にかかわり夢中になって遊ぶことのできる場が保障されていることがわかります。また、保育者がＩ介くんのつくった恐竜を一つ一つ写真におさめ、名前を書いておくことを提案している姿からは、Ｉ介くんの恐竜への思いや作品を大切に受け止めていることがわかります。恐竜に詳しいＩ介くんは生き生きと恐竜の名前をあいうえお表を見ながら書いていきます。恐竜のあいうえお表をつくろうというＩ介くんのアイディアは、周囲の子どもたちにも波及して、恐竜や文字への興味が広がっていきました。

　主体的な学びは、子ども一人一人の遊びが充実することで実現します。子どもの遊びの充実は、園生活の中でＩ介くんのように好きなことに出会い、存分にかかわって遊べる環境がかかせません。Ｉ介くんは好きなことに没頭して遊ぶ中で、知的好奇心や思考力等を働かせています。Ｉ介くんの主体的な学びは、周囲の子どもの主体的な学びも引き出しました。

（2）「対話的な学び」：伝えたい思いを温める・心の葛藤を伝え合う

　子どもたちは興味をもったことに対して、「知りたい」という思いが生じます。Ｉ介くんは、カマキリとの出会いから、虫への興味が膨らみ、いろいろな虫について「知りたい」という思いを強くしています。友達と一緒になって図鑑を開き、捕まえた虫はどんな虫なのか、知ったことを書き表すことに喜びを感じています。保育者の提案で昆虫図鑑づくりがはじまりました。図鑑づくりの過程では、虫について詳しく調べたことを、友達と相談しながら、図鑑に書（描）き上げていきます。互いが気づいたことを言葉にする中で、虫に対する学びも深まっていったことが推察できます。

　虫についてたくさんのことを知る中で、今度は「仲間に伝えたい」という思いが生まれてくるのでしょう。Ｉ介くんたちができあがった図鑑を見ながら友達に紹介することで、クラスの子どもたちにも虫への興味が広がっていきました。このような中で起きた「カマキリがバッタを食べる」という出来事は、子どもたちの心にさまざまな思いや葛藤を抱かせました。子どもたちの姿から、保育者はクラスで思いを伝え合う場を用意しています。バッタが食べられてしまうことをかわいそうと思う子どもや、カマキリが食べなければ大きくなれないと主張する子どももいて、子どもたちはいろいろな感じ方や考えがあることに気づいたことでしょう。答えは出なくても、それぞれが感じたり、考えたりしたことを言葉にして伝え合うことを通して、対話的な学びが深まっています。こうした子ども同士の対話は、子ども自らが「伝えたい」という思いをもつことで成り立ちます。それに

は、「伝えたい」という思いを遊びの中で温めていくことが大事です。また、子どもたちの「おもしろい」「不思議だな」と心が動く瞬間や、「どうして？」「いいのかな？」と葛藤する経験をとらえて、保育者が対話する場を用意していくことも必要です。

（3）「深い学び」：対話を通して興味を深め、さらに探究する

仲間とともに対話を重ねながら、子どもたちはさらにカマキリへの興味を深めています。カマキリの捕食に対する感じ方はさまざまでしたが、どの子どももカマキリを大切な存在として受け止めています。子どもたちのカマキリへの愛情は、「歩かせてあげたい」「踏まれないように」などと、カマキリにとってどうしてあげたらよいかを考える経験につながりました。Ｉ介くんはカマキリのかっこよさをどう表現したらよいか、仲間とイメージを伝え合い、虫への興味はかっこいいカマキリの探究へと発展しました。カマキリの表現を発表することを通して、伝えるにはどうしたら伝わるか、相手のことを考えるようにようにもなりました。まさに、深い学びがみられます。

（4）乗り越える経験を支える

Ｉ介くんは活動の中で、人前で発表するという苦手なことに向き合い、それを乗り越えて生き生きと発表できるまでに成長しています。そこには、好きなことに思う存分取り組める環境と、楽しみ考え合う仲間、乗り越えたいと思う気持ちに寄り添いかかわる保育者がいました。主体的で対話的で深い学びが実現する中で、子どもたちは育っていきます。

子どもが自ら環境にかかわり、夢中になって取り組む遊びは学習と同じです。遊びを通して総合的に指導することが重要ですが、そのためには子ども一人一人が遊びの中で何を楽しみ、何を実現しようとしているのかに関心を寄せ理解していくことが欠かせません。子どもたちが遊びの中で実現したいことを支え、遊びを通して豊かな経験につながるよう保育を展開していくことが求められます。また、遊びの中での多様な経験を５領域の視点でとらえるとともに、「主体的な学び」、「対話的な学び」、「深い学び」が実現しているかを問いながら、絶えず改善していくことが重要です。

 Column プロジェクト型活動

プロジェクト型活動とは、子どもが遊びや生活の中で、興味や関心を抱いていることの中からテーマを見出し、そのテーマに基づいて仲間と調べたり、試したり、考えたりして協同的に取り組む主体的な活動です。ある程度の期間継続して、子どもの興味に基づいたテーマを探求していきます。子どもが自ら探索し学ぼうとする意欲を育てるプログラムとして、ドイツやイタリア、オランダ等で積極的に取り入れられ発展してきました。OECD（経済協力開発機構）による「生きる力と技能テスト」といわれるPISA（学習到達度調査）において、オランダは世界最高レベルの成績を残しましたが、オランダの幼児教育メソッドであるピラミーデではプロジェクト型活動を取り入れています。近年、日本においても保幼小の接続を意識して、プロジェクト型活動の実践が注目されています。

第2章 小学校との連携・接続の実践について学ぼう

1. 幼児期における学びと保育

（1）幼児期の学び

　就学前の保育施設における保育は、「環境を通して行う保育」を基本としており、人、もの、場、自然や社会事象など、子どもにとって豊かな環境を用意することが重要です。一人一人の子どもに保育のねらいが着実に実現されていくためには、子どもが必要な経験を積み重ねていくことができるように発達の道筋を見通し、教育的に価値のある環境を計画的に構成していかなければなりません。

　また、「遊びを通した総合的な指導」をする上での視点として、遊び自体が乳幼児期特有の一つの学びの形態であることから、子どもの遊びの展開に留意し、保育者が計画的に環境を構成することが必要になります。一人一人の特性に応じた援助については、子ども一人一人の家庭環境や生活経験が異なるため、人や事物へのかかわり方や環境のかかわり方も異なること、子どもの具体的な要求や活動から心情の状態、活動に対する思いや願いなどの内面の動きを理解し、子どもの発達にとって必要なものについて状況や場面に応じて適切に把握していくことが大切です。保育者は、子どもの主体的活動としての遊びを中心とした保育を日々実践すること、保育の教材研究や保育環境を整備すること、子どもとの信頼関係を十分に築き、子どもとともによりよい保育環境をつくり出すことなど多くの役割があります。つまり、保育者は子どもにとっての活動の理解者であり共同作業者であり子どものあこがれを形成するモデルであり、子どもが精神的に安定するための心の拠りどころといえます。

　このように、幼児期における学びとしての遊びが豊かなものとなるよう、環境を通して適切な援助を行う人的環境としての保育者が果たす役割は極めて大きいといえます。

（2）幼児期から小学校以降の学び

　2006（平成18）年に教育基本法が改正され、「幼児期の教育は、生涯にわたる人格形成の基礎を培う重要なものである」と明文化されました。そして、2008（平成20）年の教育要領の改訂では、「第1章　総則　第1幼稚園教育の基本」が示されました。さらに、2017（平成29）年に行われた教育要領の改訂では、幼稚園教育において育みたい資質・能

力が明確化され「幼児期の終わりまでに育ってほしい姿」（本書 p.146 ～ 147 参照）をもとにした小学校教育との円滑な接続について明記され、さらに、家庭や地域社会と連携しながら幼児期の教育活動のさらなる充実を図ることも留意事項としてつけ

（ア）豊かな体験を通じて、感じたり、気付いたり、分かったり、できるようになったりする「知識及び技能の基礎」	
（イ）気付いたことや、できるようになったことなどを使い、考えたり、試したり、工夫したり、表現したりする「思考力、判断力、表現力等の基礎」	
（ウ）心情、意欲、態度が育つ中で、よりよい生活を営もうとする「学びに向かう力、人間性等」	

図表 2-1　育みたい資質・能力

加えられました。また、同時期に改訂（改定）された保育指針、そして教育・保育要領においても、幼児教育を行う施設として共有すべき事項として、3つの育みたい資質・能力（図表 2-1 参照）と「幼児期の終わりまでに育ってほしい姿」が示されました。特に、保育指針では、乳児保育・1歳以上3歳未満児の保育に関する記載の充実が図られました。

　育みたい資質・能力とは、幼児期の教育の質の向上を図ることを基礎として示され、乳幼児教育からはじまり、18歳までの育ちを通して伸びていく柱を意味します。幼児教育では、特にこの柱の基礎を培うことが必要とされています。そのため、幼児期から小学校以降の学びの連続性が今まで以上に重要視されており、小学校学習指導要領（小学校教育の教育課程編成のための基本方針や教育内容、学校のカリキュラム作成等の基準）でも、教育活動における資質・能力の育成があげられています。

　図表 2-2 を見ると、幼児期から児童期へと育ちが連続していることや、目指す方向性が同じことが読み取れます。このことから、幼児期から小学校以降の学びに連続性があることがわかります。

幼児教育を行う施設	小学校
知識及び技能の基礎	知識及び技能が習得されるようにすること
思考力、判断力、表現力等の基礎	思考力、判断力、表現力等を育成すること
学びに向かう力、人間性等	学びに向かう力、人間性等を涵養すること

図表 2-2　幼児教育を行う施設と小学校の資質・能力

（3）幼児期の学びを育む保育実践事例

　幼児期の学びはどのように育まれていくのでしょうか。

　ここでは、後述する「幼児期の終わりまでに育ってほしい姿」（本書 p.146 ～ 147 参照）の中にも示されている領域「言葉」ともかかわりのある「言葉による伝え合い」に関連した5歳児の事例を通して考えてみましょう。

> **事例3**
>
> **「得意なことを生かそうよ」**（5歳児クラス）
>
> 　秋に収穫したさつまいもでおやつづくりに挑戦することになり、活動に向けて話し合いが進み、メニューはさつまいもパイに決定、役割分担決めがはじまった。しかし、皮をむく、切る、煮る、つぶす、焼く、使用した調理器具を片づけるなど完成までの調理過程が複雑なため、やりたくないと言い出す子どもも出てきた。保育者は「みんなが得意なことは何？　好きなことや得意なことを生かそうよ」と提案した。すると、「包丁でお野菜を切ってママのお手伝いを

しているの」「パスタ茹でたことあるよ」という女児たちの意見が出てきた。さらにC男くんが「じゃがいもの皮むくの上手ってパパにほめられた」、D太くんは「ママに洗い物上手っていわれたんだ」と誇らしげに続けた。さまざまな意見の中、恥ずかしがり屋のE夫くんが、うつむいて黙り込んでいる姿を見て、すかさずB子ちゃんが「E夫くんはどうする？」とやさしく問いかけた。E夫くんはゆっくりと顔をあげてB子ちゃんに近づくと小声で話しはじめた。「E夫くんは眼鏡がくもっちゃうから洗い物するって」、B子ちゃんがあっけらかんとした表情で明るくE夫くんの気持ちをまわりに伝えたことで、クラスは一気に和やかな雰囲気になった。

　そして、活動当日、「おいも固いからゆっくり切るね」「茹でたてのおいも、湯気がすごい」「ホッカホカだね」など、それぞれの役割分担のもと、一人一人が直接体験している調理過程の中で感じることを思い思いに言葉にすることで会話も弾んだ。「みんなでつくると楽しいね」「みんなで食べるとおいしいね」、子どもたちの中に充実感・達成感がうかがえた。

　「言葉による伝え合い」は、子どもが自分の言葉に自信をもち相手に伝える姿でもあります。事例では、メニュー決めや役割分担などについて、保育者の提案を交えながら子ども同士で気持ちや意見を伝え合う場面が見られました。恥ずかしさから自分の気持ちを伝えられず、もどかしい思いをする子どもの姿もありましたが、気持ちを察して問いかける女児の姿もありました。状況や必要に応じて保育者が寄り添う援助も必要ですが、話し合いにつながる方向へ子どもたちを導きながら発言を待つことや、クラスの友達の気持ちに他児が気づいて代弁することも予想しながら見守ることも大切です。

　このように、子どもたちが日々経験したことや考えたことを言葉で伝えたり相手の話を注意して聞いたりする経験を重ねていくことは、言葉を通して保育者や友達と心を通わせることにつながります。

2．接続期カリキュラムとその実践

（1）学びの連続性

　文部科学省は、教育要領において、幼児期の教育と小学校教育との円滑な接続の重要性を示しています。また、保育指針および教育・保育要領においても同様の文言が明記されています。学びの連続性とは、幼児期の遊びから小学校の学びのあり方をヒントに、幼児期の教育と小学校教育の円滑な接続と教科活動につながる幼児期の遊びと学びについて考えることです。

　ここでは、主に「接続期カリキュラム」と呼ばれる取り組みに焦点を当てて、移行期に子ども自身が学びやすい適切な環境づくりについて考えていきます。

（2）アプローチカリキュラムとスタートカリキュラム

　アプローチカリキュラムとは、就学前の幼児がスムーズに小学校の生活や学習へ適応できるようにするとともに、幼児期の学びが小学校の生活や学習で生かされてつながるように工夫された5歳児のカリキュラムを指します。また、スタートカリキュラムとは、幼児

連携から接続へと発展する	ステップ0	連携の予定・計画がまだ無い。
過程のおおまかな目安（幼児期の教育と小学校教育の	ステップ1	連携・接続に着手したいが、まだ検討中である。
円滑な接続の在り方について（平成22年11月11日	ステップ2	年数回の授業、行事、研究会などの交流があるが、接続を見通した教育課程の編成・実施は行われていない。
幼児期の教育と小学校教育の円滑な接続の在り方に関	ステップ3	授業、行事、研究会などの交流が充実し、接続を見通した教育課程の編成・実施が行われている。
する調査研究協力者会議))	ステップ4	接続を見通して編成・実施された教育課程について、実践結果を踏まえ、更によりよいものとなるよう検討が行われている。

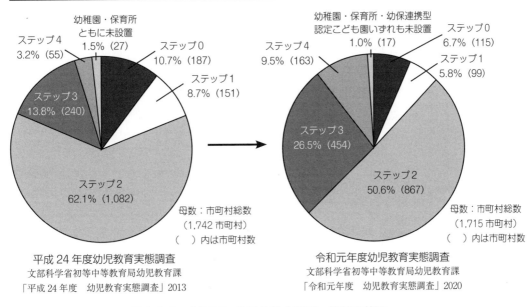

図表2-3　市町村における幼小連携・接続の状況

期の育ちや学びを踏まえて、小学校の授業を中心とした学習へうまくつなげるために、小学校入学後に実施される合科的・関連的カリキュラムを指します。

　図表2-3にあるように、文部科学省は、「幼児教育実態調査」で、「市町村における幼小連携・接続の状況」として、全国自治体から収集した幼小接続期についての検討結果をホームページで紹介しています。まず、幼小接続期カリキュラムの実施状況としては、ステップ3にあたる「教育課程の編成・実施が行われている」と回答した自治体は、平成24年度では240自治体でしたが、令和元年度には454自治体となっており約2倍に増加しています。そして、ステップ4にあたる「教育課程について、実践結果を踏まえ、更によりよいものとなるよう検討が行われている」と回答した自治体は、平成24年度では55自治体でしたが、令和元年度には163自治体と約3倍に増加しており、アプローチカリキュラムやスタートカリキュラムの作成を含む幼小連携への具体的な取り組みの広がりを見ることができます。

　このような自治体の保幼小連携の取り組みから、保幼小連携の大切さが重視されていることがうかがえます。また、アプローチカリキュラムとスタートカリキュラムの両方が位置づいていくことで、よりスムーズな小学校への接続が可能となるでしょう。

（3）幼児期の終わりまでに育ってほしい姿

　3つの資質・能力は、保育内容の5つの領域におけるねらいおよび内容に基づく活動全体によって育むものですが、幼児期の終わりまでに育ってほしい姿（以下10の姿）は、保育内容の「ねらい」および「内容」に基づく活動全体を通して資質・能力が育まれている幼児の幼稚園や保育所、認定こども園修了時の具体的な「姿」になります（次頁、図表2-4参照）。

　この「姿」は、日々の具体的な活動を通して見えてくる子どもの様子であり、保育者が援助を行う際に考慮するものです。そのため、単に5歳児からの姿だけを見るのではなく、乳児期の育ちからはじまり、1歳以上3歳未満児の時期へと移行し、3歳以上児となり、やがて5歳児後半の段階で10の姿につながる理解が必要になります。

　また、小学校に就学すると同時にスタートカリキュラムがはじまり、徐々に遊びを通した学習から教科等への授業に移行していくことから、10の姿は、幼児期に完成するということではなく、方向性を示したものであることを押さえておきましょう。

Column　接続期カリキュラムの実際

　2017（平成29）年の教育要領、保育指針、教育・保育要領および小学校学習指導要領の改訂（改定）を踏まえ、教育・保育のさらなる充実や、幼児教育と小学校教育の接続の一層の強化を図るため、全国の自治体で「幼保小接続期カリキュラム」が策定され、実施されています。

　横浜市では、年長児の発達特性を踏まえたアプローチカリキュラムの活動として、「①学びの芽生えを大切にした活動の充実」「②協同的な遊びや体験の充実」「③自立心を高め新しい生活をつくり、安心して就学を迎えられる活動の充実」という3つの柱を位置づけ、子どもがやりたいことに向けてがんばる経験の積み重ねのなかで、「話す」「聞く」「読む」「書く」などの言語活動を意識し、言葉への興味を広げ、自ら文字を書いたり、本を読んだりする意欲を高めていく姿を大切にしています。また、スタートカリキュラムでは、幼児期の学びの特性を踏まえ、「育てたい子どもの姿」として、「①安心して自分を発揮し、やってみたいことに向かってがんばる子ども」「② 新しい学級や学校のルールを受け入れ、学級の一員として協同的に活動できる子ども」「③ 幼児期の学びを生かして、自己肯定感を高め、主体的に学習に取り組む子ども」を示しており、子どもたちがスムーズに小学校の生活や遊びに適応できるように、なかよしタイム・わくわくタイム・ぐんぐんタイムという学びの時間帯を設けて単元や学習活動を配列するなど工夫がなされています。

　他の自治体の例をあげると、東京都の足立区では、「あだち幼保小接続期カリキュラム 家庭版」が配信されており、5歳児が在籍する区内就学前施設を通して保護者に配布する取り組みが積極的に行われています。これは、子どもが喜びと期待をもって就学し、小学校生活に滑らかに移行するために家庭で心がけてほしいことを10ポイントにまとめたものです。このほかにも、自治体ごとに特色のある取り組みが実施されていますので、みなさんの身近な地域から調べてみるとよいでしょう。

参考）横浜市HP「横浜版接続期カリキュラム平成29年度版（平成30年3月発行）」2018、足立区役所HP「あだち幼保小接続期カリキュラム 家庭版」2018

（1）健康な心と体

幼稚園（保：保育所の、こ：幼保連携型認定こども園における）生活の中で、充実感をもって自分のやりたいことに向かって心と体を十分に働かせ、見通しをもって行動し、自ら健康で安全な生活をつくり出すようになる。

（2）自立心

身近な環境に主体的に関わり様々な活動を楽しむ中で、しなければならないことを自覚し、自分の力で行うために考えたり、工夫したりしながら、諦めずにやり遂げることで達成感を味わい、自信をもって行動するようになる。

（3）協同性

友達と関わる中で、互いの思いや考えなどを共有し、共通の目的の実現に向けて、考えたり、工夫したり、協力したりし、充実感をもってやり遂げるようになる。

（4）道徳性・規範意識の芽生え

友達と様々な体験を重ねる中で、してよいことや悪いことが分かり、自分の行動を振り返ったり、友達の気持ちに共感したりし、相手の立場に立って行動するようになる。また、きまりを守る必要性が分かり、自分の気持ちを調整し、友達と折り合いを付けながら、きまりをつくったり、守ったりするようになる。

（5）社会生活との関わり

家族を大切にしようとする気持ちをもつとともに、地域の身近な人と触れ合う中で、人との様々な関わり方に気付き、相手の気持ちを考えて関わり、自分が役に立つ喜びを感じ、地域に親しみをもつようになる。また、幼稚園（保：保育所、こ：幼保連携型認定こども園）内外の様々な環境に関わる中で、遊びや生活に必要な情報を取り入れ、情報に基づき判断したり、情報を伝え合ったり、活用したりするなど、情報を役立てながら活動するようになるとともに、公共の施設を大切に利用するなどして、社会とのつながりなどを意識するようになる。

（6）思考力の芽生え

身近な事象に積極的に関わる中で、物の性質や仕組みなどを感じ取ったり、気付いたりし、考えたり、予想したり、工夫したりするなど、多様な関わりを楽しむようになる。また、友達の様々な考えに触れる中で、自分と異なる考えがあることに気付き、自ら判断したり、考え直したりするなど、新しい考えを生み出す喜びを味わいながら、自分の考えをよりよいものにするようになる。

（7）自然との関わり・生命尊重

自然に触れて感動する体験を通して、自然の変化などを感じ取り、好奇心や探究心をもって考え言葉などで表現しながら、身近な事象への関心が高まるとともに、自然への愛情や畏敬の念をもつようになる。また、身近な動植物に心を動かされる中で、生命の不思議さや尊さに気付き、身近な動植物への接し方を考え、命あるものとしていたわり、大切にする気持ちをもって関わるようになる。

（8）数量や図形、標識や文字などへの関心・感覚

遊びや生活の中で、数量や図形、標識や文字などに親しむ体験を重ねたり、標識や文字の役割に気付いたりし、自らの必要感に基づきこれらを活用し、興味や関心、感覚をもつようになる。

（9）言葉による伝え合い

先生（保：保育士等、こ：保育教諭等）や友達と心を通わせる中で、絵本や物語などに親しみながら、豊かな言葉や表現を身に付け、経験したことや考えたことなどを言葉で伝えたり、相手の話を注意して聞いたりし、言葉による伝え合いを楽しむようになる。

（10）豊かな感性と表現

心を動かす出来事などに触れ感性を働かせる中で、様々な素材の特徴や表現の仕方などに気付き、感じたことや考えたことを自分で表現したり、友達同士で表現する過程を楽しんだりし、表現する喜びを味わい、意欲をもつようになる。

※ 10 の姿は教育要領では上記の通り（1）（2）……と記され、保育指針および教育・保育要領ではア、イ……と記されている。また、下線部（ ）内の「保」は保育指針、「こ」は教育・保育要領での表記を示す。

図表 2-4　幼児期の終わりまでに育ってほしい姿

領域「言葉」にかかわる現代的課題について学ぼう

1. インクルーシブ保育とインクルーシブ・ランゲージ

（1）インクルーシブ保育

「障害者の権利に関する条約」（日本は 2014（平成 26）年に批准）第 24 条の教育では、インクルーシブの原文である「完全な包容という目標」が示されています[1]。インクルーシブは、多様な存在そのものが新たな存在となることを意味します。その対象は、障がいの有無はもちろんのこと、国籍や民族、性別など多様なニーズを前提とするため、すべての子どもたちです。

2012（平成 24）年には文部科学省によって「共生社会の形成に向けたインクルーシブ教育システム構築のための特別支援教育の推進」が示されました。その実現のためにも「共生社会の形成に向けて、障害者の権利に関する条約に基づくインクルーシブ教育システムの理念が重要であり、その構築のため、特別支援教育を着実に進めていく必要があると考える」と記されています[2]。

したがって保育の実際は、多様性の共感をもとに、課題や問題の原因を当事者に同定するのではなく、環境との関係でとらえる考え方が必要です。だからこそインクルーシブ保育は、他者の視点や新たな視点を共有しながら育ち合い、誰をも排除しない保育なのです。共生社会に向けた今から先の保育を深め合いたいものです。

（2）インクルーシブ・ランゲージ

インクルーシブ・ランゲージ（Inclusive Language）は、包括的言語と直訳されます。多様性のある社会において、特定のコミュニティやグループを阻害したり除外したりする可能性のある表現は使用を避けて、ジェンダーニュートラル（性差にとらわれない考え方）など中立的な表現に配慮する言語です。つまり、性別や年齢、人種などに対する無意識にある暗黙の偏見あるいは区別を見直して言葉や発言に注意を払うことが必要だと考えられます。たとえば、「レディース・アンド・ジェントルメン」をジェンダーニュートラルに配慮した場合、ある航空会社は「アテンション・オール・パッセンジャーズ」としました。また、あるエンターテイメント複合企業は「ハロー・エブリワン」と使用しています。

インクルーシブ・ランゲージは、ダイバーシティやインクルージョンを向上させるため

の重要なツールです。子どもたちが言葉を獲得する機微に身を置く保育者にとって、地域の特性を考慮した地域規模の視点（グローカル）において点検する必要はないでしょうか。

２．保育のICT化とデジタル・ディバイド

（1）保育のICT化

ICTとは「Information and Communication Technology（情報通信技術）」の略で、IT（情報技術）に通信コミュニケーションの重要性を加味し、インターネットを利用して人と人、人とものをつなぐコミュニケーションのことを指します。「令和２年度　文部科学白書」でも、現実社会に仮想空間を融合させた目指すべき社会であるSociety 5.0時代を生きる子どもたちにとって、ICT端末は鉛筆やノートと並ぶマストアイテムで、１人に１台の端末環境は令和時代のスタンダードな学校の風景であるように伝えています。情報が見える化された上にリアルタイムで利用されるコミュニケーションツールとしての機能のみならず、言葉を知る媒体として利用することも可能です。それも母語だけでなく、ワールドワイドに関心を向けることも容易です。したがって、ICTの活用は日常であるべきだといわざるを得ません。実施主体である自治体の判断に委ねられていますが「保育所等におけるICT化推進等事業」等の補助金交付があり、もはや推進は必須です。

保育におけるICTシステムの導入や活用の目的は、園と保護者のコミュニケーションツールとして、あるいは労働環境の改善や業務負担の軽減などがあるでしょう。さらには、子どもばかりでなく保護者の視点から見たICT活用のあり方についても議論が不可欠でしょう。いずれにしても、ICTの導入によって保育者同士や保護者とのコミュニケーションが密になったり、豊かになるなどの「つながりの一助」としたいものです。

（2）デジタル・ディバイド

総務省の『平成23年版情報通信白書』によると「デジタル・ディバイド（Digital Divide：情報格差）とは、インターネット等のICT（情報通信技術）を利用できる者と利用できない者との間にもたらされる格差のこと」と示されています[3]。さらなる発展を遂げるであろう情報化社会において、社会問題となりつつあります。利用できる人とそうでない人との間には教育的や経済的、社会的な格差を生む要因となります。特に、震災や新型コロナウイルス感染症（COVID-19）における未曾有の災禍で表面化している現実は否めません。

テクノロジーの進歩は、障がいのある人の生活を支え、生きづらさはかなり軽減できます。しかし、見えない聞こえないなどの障がいのある人にとっては、明らかに「進歩からの分断」といえはしないでしょうか。今後、デジタル・ディバイドを克服して、情報化によって与えられる新しい機会（デジタル・オポチュニティ：digital opportunity）を整備していくことで、保育の場でも子どもたちが多様な人とかかわったり、コミュニケーションをとることができるようにつなげていきましょう。

3．フェイクとファクトに触れる子どもと アクセシビリティ

（1）フェイクとファクトに触れる子ども

　SNS（Social Networking Service）や動画投稿サイトや動画配信サイトなどのソーシャルメディアを通じた情報の受信や発信は、幅広い年代で日常的に使われています。SNSの情報には事実（ファクト）もありますが、フォロワー数ねらいの投稿や悪意に満ちたデマ、つまり嘘（フェイク）もあります。要するに、正しいことも誤りも同居しています。そのため、情報の見極めが求められます。たとえば、総務省が示す2022年版のインターネットトラブル事例集には、コミュニケーションツールとして使うために正しく知っておきたいことや心がけたいことが網羅されています。

　言葉に躍らされることもなく酔わされることもなく、クリティカルシンキング（批判的思考）で本質を見抜き、あふれる情報の収集と吟味が必要です。批判的思考とは、正しく疑うことです。つまりは「これって本当？」と、いったん立ち止まって鵜呑みにしないことです。そして、証拠を集め、正当な理屈を考えて真意を確かめます。多面的・多角的に観ることで、欠陥やリスク回避のみならず、正しい判断や円滑にコミュニケーションを図る術が得られるでしょう。

（2）アクセシビリティ

　アクセシビリティ（accessibility）とは、情報やサービスへのアクセスのしやすさ、近づきやすさを意味します。誰でも必要とする情報に簡単にたどり着けて利用できることを指します。東京2020オリンピック・パラリンピック競技大会では、アクセシビリティのサポートガイドを示して、アクセシブル（利用しやすい）な大会を目指しました。多文化、多言語の多様なニーズを有する人々にとって、アクセシブルでインクルーシブな環境整備が極めて重要とし、障がいの有無にかかわらず、すべての人々が相互に人格と個性を尊重し合う共生社会の実現に貢献しました。

　普段使用するスマートフォンには、アクセシビリティ機能が備わっています。より使いやすくなるよう、容易にカスタマイズできます。たとえば、音声を認識して文字変換したり、文章等の読み上げ機能があったり、ビデオコンテンツのバリアフリー音声ガイドなど多様な機能を備えた画期的な製品です。このようなアクセシブルな環境があるからこそ、思いや気持ちを伝え合う喜びが得られるのではないでしょうか。

　さらなる国際的な水準に基づくハード・ソフト両面のアクセシブルな環境整備の促進によるアクセシビリティの推進を期待したいです。

　保育の場でも、アクセシビリティは関係構築の重要な要素でしょう。子どもたちが友達や保育者と言葉を伝え合ったり心を通わせるために、必要な情報への近づきやすさが大切です。心地よい日常生活を支援するアクセシビリティを意識しましょう。

4．多様な言語と絵本そしてサイニングストア

（1）多様な言語と絵本

多様な言語に翻訳される絵本があります。たとえばエリック・カール（Eric Carle）の代表作『はらぺこあおむし』（偕成社、1976）は70の言語に翻訳されているようです。その国や地域の事情が考慮され、親しみのある大きさやさまざまな紙質でつくられています。また、日本語と英語を同時に知ることができたり、音声が出たりと、言語を通した多様に表現される絵本の世界観を楽しむことができます。

『英語でもよめるはらぺこあおむし』
エリック・カール作、もりひさし訳、偕成社、2006

文章とともに点字や触図を通して物語の楽しさに触れたりできるユニバーサルデザインな絵本も出版されています。したがって、障がいのあるなしにかかわらず、言葉をさわって感じる絵本の魅力も問い直したいです。また、日本語以外を母語とする保護者のためにわかりやすい言葉で表現された絵本、ルビの振られた絵本も目にします。絵本を通して、大人も子どもも心から美しいと思える日本語を知ることのできる工夫や言語環境が必要ではないでしょうか。

（2）サイニングストア

手話を言語と法的に認知している国もある中、日本では手話を正式な言語として位置づける「手話言語条例」を2013（平成25）年に鳥取県が全国ではじめて制定、施行しました。一般財団法人全日本ろうあ連盟の手話言語条例マップを見ると、2023（令和5）年4月4日現在、条例成立自治体は35都道府県、17区、335市、88町、4村の合計479自治体です。手話は言語であるとの認識と、ろう者やさらにはろう者の親をもつ聴者の人（コーダ）に対する理解は今や当然のことです。

サイニングストアとは、手話が共通言語の店舗のことです。聴者と聴覚に障がいのあるスタッフが手話を主なコミュニケーション手段として運営しています。たとえば、2020（令和2）年、大手カフェチェーンがオープンしました。近隣に聴覚障害教育部門と知的障害教育部門が併設された特別支援学校が所在し、ろう文化に対する理解のある地域です。店舗にあるメニューシートは工夫が施されていたり、商品の受け取り場所にはデジタルサイネージを設置して手話が学べたり、親しんだりできます。サイニングストアを通したインクルーシブな環境は、多様な言語を用いたコミュニケーション環境の醸成を図るでしょう。

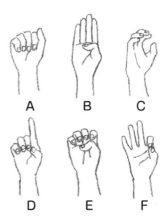

アメリカのアルファベットの指文字
（ASL：American Sign Language）

1 遊びを5領域でとらえてみよう！

① 子どもの遊びを1つ取り上げてみよう。

> **Hint!** 実習やボランティア、アルバイトなどで、幼稚園や保育所等の子どもたちが
> 遊んでいた様子を思い出してみよう。もし、そのような機会がまだない場合
> には、自分自身が幼稚園や保育所等に通っていたときに大好きだった遊びを思い出し
> てみよう。その中で印象に残っている遊びを1つ選ぼう。

② 選んだ遊びの様子を詳しく記述しよう。

> **Hint!** 「どこで」「誰と」「何人くらいで」「どのように」遊んでいたかを書き出そう。

③ 記述をもとに、その遊びの中で子どもが経験していることを考えてみよう。

> **Hint!** 1つの遊びをさまざまな角度からとらえてみよう。

④ その経験が5領域のどの領域と関連が深いか考え、書き出してみよう。

> **Hint!** 子どもが遊びの中で経験していることが、どの領域の経験と関連しているの
> か、5領域の内容を確認してみよう。

⑤ 記述した子どもの遊びと5領域の関連について仲間に報告しよう。

> **Hint!** 例

①したいこと、してほしいことを言葉で表現する：領域「言葉」

②自分の気持ちを表現して相手に伝える‥領域「表現」

③転がり方を比べたり、コースの工夫をしたりしながら遊ぶ‥領域「環境」

④背伸びや手を伸ばすなど、身体を使って遊ぶ‥領域「健康」

⑤友達と役割分担をして遊びを楽しむ‥領域「人間関係」

ブロック遊び（4歳児）

　保育室でY児ら3、4名の男児がブロック遊びをしている。そこに、つくり置きのブロックを手にもって、S児が「おまたせ〜」と言いながら加わる。①S児がY児に「ぼくのブロックと合体させようよ」と誘うと「オッケー」と言い、「これはむずかしいよ」「そーっとね」などと声をかけながらブロックをつなげる。ブロックの上からY児がビー玉を転がすと、うまく転がっていき、②S児が「すごいすごい」と言いながら拍手をする。その様子に、他児ら数人も集まり「もっと長くて高いコースつくったほうがいいんじゃない」などの提案が出される。「よし、もっと高くつなげよう」というS児のかけ声で、ブロックを高く積み上げる。ときどき「ビー玉、だれかやってみて」と促され、交替でビー玉を転がす。③「うまくいった」「違うところにいっちゃった」と転がり方のチェックをしながら盛り上がりを見せる。④高く積み上がったブロックは徐々に手が届かなくなり、そのたびに背伸びをしたり、手を伸ばしたりしながら積んでいる。⑤「高すぎるよ」「もう崩れちゃう」などと言いながら、下のほうでブロックが崩れないように支えたり「もっともっと高く」と言いながらブロックを集めたりと、それぞれが役割を見つけて遊ぶ姿がある。片づけの時間になり、保育者から「このままにして、また明日遊ぶ？」と声をかけられたS児らは「うん」と全員がうなずいて表情を和らげる。ブロックは遊んでいた状態のままに、翌日への期待をもって降園する。

2 領域「言葉」にかかわる現代的課題について考えてみよう！

① テーマを決めよう。

Hint! グループの仲間と考えてみたい、言葉に関するテーマを1つ決めよう。Part 3の3章（本書 p.148〜151 参照）で取り扱われているインクルーシブ保育、インクルーシブ・ランゲージ、保育のICT化、デジタル・ディバイド、フェイクとファクトに触れる子ども、アクセシビリティ、多様な言語と絵本、サイニングストアをテーマにしてもよいが、ほかにもさまざまなテーマが考えられる。子どもを取り巻く言葉について気になっていることから、自由にテーマを決めよう。身近で具体的なテーマを見つけてみよう。

例①：「言葉を豊かにする児童文化財」

例②：「世界の中の日本語」

② テーマについて調べよう。

Hint! テーマに基づいて、どのような情報がほしいか、考えを出し合おう。必要な情報はどのようにしたら集められるかについても考え、グループの仲間と協力して調べまとめよう。

例①：幼稚園・保育所・認定こども園でのフィールドワーク、児童文化財の普及等に携わる地域で活動される人へのインタビュー調査、子育てをする保護者へのアンケート調査

例②：国や自治体のホームページ、世論調査、政府広報オンライン（各府省から発表された新着情報を掲載）、国連統計部（UNSD：United Nations Statistics Division）の統計資料

③ 調べたことをもち寄り、報告し合おう。

Hint! 各自調べたことをグループの仲間に報告し、調べた内容を共有しよう。

④ 報告を聞いて、自由に考えを述べ合おう。

Hint! テーマについて、調べたことをもとに、感じたことや考えたことを述べ合おう。一つの意見にまとめるのではなく、多様な意見を大切にしよう。その環境が子どもの育ちにどのような影響があるかを考えてみよう。現状を踏まえ、今後、どのような取り組みが必要であるか考えてみよう。

⑤ グループ発表を行おう。

Hint! 調べたことや、調べたことをもとに考えたことを整理し、発表しよう。他グループの発表を聞き、他グループの発表から学び合おう。

引用・参考文献一覧

※引用文献は各章ごとに、本文中の数字に対応。
参考文献は引用文献のあとに、著者五十音順に掲載。

＜Part 1＞
第1章
1）三浦しをん『舟を編む』光文社、2011、p213
2）新村出編『広辞苑（第7版）』岩波書店、2018
3）北原保雄編『明鏡国語事典（第3版）』大修館書店、2020

第2章
・遠藤利彦『赤ちゃんの発達とアタッチメント―乳児保育で大切にしたいこと』ひとなる書房、2017
・厚生労働省『保育所保育指針解説』フレーベル館、2018
・清水将之、相樂真樹子編『〈ねらい〉と〈内容〉から学ぶ 保育内容・領域 健康』わかば社、2015
・清水将之、相樂真樹子編『改訂版〈ねらい〉と〈内容〉から学ぶ 保育内容・領域 健康』わかば社、2018
・社会保障審議会児童部会保育専門委員会「第10回会議資料」2016
・庄司順一、奥山眞紀子、久保田まり編『アタッチメント―子ども虐待・トラウマ・対象喪失・社会的養護をめぐって』明石書店、2008
・内閣府、文部科学省、厚生労働省『幼保連携型認定こども園教育・保育要領解説』フレーベル館、2018
・無藤隆監修、福元真由美編者代表『新訂 事例で学ぶ保育内容 領域環境』萌文書林、2018
・文部科学省『幼稚園教育要領解説』フレーベル館、2018

第3章
・American Psychiatric Association 編、日本精神神経学会日本語版用語監訳、髙橋三郎、大野裕監訳、染矢俊幸、神庭重信、尾崎紀夫、三村將、村井俊哉訳『DSM-5 精神疾患の分類と診断の手引』医学書院、2014、p.24
・加藤ひとみ、大國ゆきの「幼児期の言葉の獲得―幼児期の発達特性と幼稚園での教育」東京成徳短期大学紀要、第48号、2015
・小林春美、佐々木正人編『新・子どもたちの言語獲得』大修館書店、2018、p.92
・西巻茅子作『わたしのワンピース』こぐま社、1969
・文部科学省『幼稚園教育要領解説』フレーベル館、2018
・谷田貝公昭監修、大沢裕編『コンパクト版保育内容シリーズ言葉』一藝社、2020
・谷田貝公昭、廣澤満之編『実践保育内容シリーズ言葉』一藝社、2016

第4章
1）文部科学省『幼稚園教育要領解説』フレーベル館、2018、p.104
・阿部和子、前原寛、久富陽子、梅田優子『改訂 保育内容総論―保育の構造と実践の探求』萌文書林、2019
・倉橋惣三『育ての心（上）』フレーベル館、2008
・久富陽子編著『指導計画の考え方・立て方〈第2版〉』萌文書林、2017

・久富陽子、梅田優子『保育方法の実践的理解〈第2版〉』萌文書林、2018

＜Part 2＞
第1章
・厚生労働省『保育所保育指針解説』フレーベル館、2018
・乳幼児の発達と保育研究会『0・1・2歳児の発達と保育―乳幼児の遊びと生活』郁洋舎、2022
・乳幼児の発達と保育研究会『3・4・5歳児の発達と保育―乳幼児の遊びと生活』郁洋舎、2022
・谷田貝公昭監修、大沢裕編『コンパクト版保育内容シリーズ言葉』一藝社
・谷田貝公昭、廣澤満之編『実践保育内容シリーズ言葉』一藝社、2016

第2章
・厚生労働省『保育所保育指針解説』フレーベル館、2018
・乳幼児の発達と保育研究会『0・1・2歳児の発達と保育―乳幼児の遊びと生活』郁洋舎、2022
・乳幼児の発達と保育研究会『3・4・5歳児の発達と保育―乳幼児の遊びと生活』郁洋舎、2022

第3章
1）岡本夏木『子どもとことば』岩波新書、1982、p.18
2）岡本夏木『ことばと発達』岩波新書、1985、pp.50-69
3）ヴィゴツキー著、柴田義松訳『新訳版・思考と言語』新読書社、2001、p.129
4）同上書、p.133
5）文部科学省『幼稚園教育要領解説』フレーベル館、2018、p.12
・今井和子『子どもとことばの世界―実践から捉えた乳幼児のことばと自我の育ち』ミネルヴァ書房、1996
・今井むつみ『ことばと思考』岩波新書、2010
・今井むつみ『ことばの発達の謎を解く』ちくまプリマー新書、2013
・今福理博『赤ちゃんの心はどのように育つのか―社会性とことばの発達を科学する』ミネルヴァ書房、2019
・やまだようこ『ことばの前のことば―ことばが生まれるすじみち1』新曜社、1987

第4章
1）文部科学省『幼稚園教育要領解説』フレーベル館、2018、p.17
・岡本夏木『子どもとことば』岩波新書、1982

第5章
1）今井田道子「児童文化財」谷田貝公昭責任編集『新版・保育用語辞典』2016、一藝社、p.192
2）久富陽子『実習に行くまえに知っておきたい保育実技―児童文化財の魅力とその活用・展開』2002、萌文書林、p.10
3）小川清実『子どもに伝えたい伝承あそび―起源・魅力とその遊び方』2001、萌文書林、p.11
4）花輪充「劇遊び」谷田貝公昭責任編集『新版・保育用語辞典』2016、一藝社、p.115

5）同上書、p.116
・かがくいひろし『だるまさんが』ブロンズ新社、2008
・文部科学省『幼稚園教育要領解説』フレーベル館、2018

第6章

1）American Psychiatric Association 編、日本精神神経学会日本語版用語監訳、髙橋三郎、大野裕監修、染矢俊幸、神庭重信、尾崎紀夫、三村將、村井俊哉訳『DSM-5 精神疾患の分類と診断の手引』医学書院、2014、pp.23-25

2）竹田契一「10年目を迎えたINREAL—INREALの日本導入から現在まで」特殊教育学研究、1994、pp.59-63

・市川奈緒子『気になる子の本当の発達支援［新版］（これからの保育シリーズ③）』風鳴舎、2017
・なかがわりえこ作、やまわきゆりこ絵『ぐりとぐらとすみれちゃん』福音館書店、2003
・七木田敦編『実践事例に基づく障害児保育－ちょっと気になる子へのかかわり』保育出版社、2007
・文部科学省『幼稚園教育要領解説』フレーベル館、2018

第7章

・大場幸夫、民秋言、中田カヨ子、久富陽子『外国人の子どもの保育—親たちの要望と保育者の対応の実態』萌文書林、1998
・グループこんぺいと編『先輩が教える保育のヒント40—運動会・生活発表会・作品展』黎明書房、2007
・厚生労働省『保育所保育指針解説』フレーベル館、2018
・柴崎正行編『改訂版 保育方法の基礎』わかば社、2018
・ジム・カミンズ著、中島和子訳著『言語マイノリティを支える教育【新装版】』明石書店、2021
・中島和子『言葉と教育—海外で子どもを育てている保護者のみなさまへ』公益財団法人海外子女教育振興財団、1998
・文部科学省『幼稚園教育要領解説』フレーベル館、2018

第8章

・岡本夏木『子どもとことば』岩波新書、1982
・岡本夏木『ことばと発達』岩波新書、1985
・乳幼児の発達と保育研究会『0・1・2歳児の発達と保育—乳幼児の遊びと生活』郁洋舎、2022
・乳幼児の発達と保育研究会『3・4・5歳児の発達と保育—乳幼児の遊びと生活』郁洋舎、2022

＜ Part 3 ＞

第1章

・岩立京子、河邉貴子、中野圭祐監修、東京学芸大学附属幼稚園小金井園舎編集『遊びの中で試行錯誤する子どもと保育者—子どもの「考える力」を育む保育実践』明石書店、2019
・大豆生田啓友、豪田トモ『子どもが対話する保育「サークルタイム」のすすめ』小学館、2022
・河邉貴子『遊びを中心とした保育—保育記録から読み解く「援助」と「展開」〈改訂第2版〉』萌文書林、2020
・なばたとしたか『こびと大図鑑』ロクリン社、2015

第2章

・国立教育政策研究所ホームページ「幼小接続期カリキュラム全国自治体調査」
・無藤隆編『10の姿プラス5・実践解説書 よく分かる解説＆写真で見る実践事例』ひかりのくに、2018
・文部科学省ホームページ「小学校学習指導要領における「幼児教育との接続」や「スタートカリキュラム」に関連する主な記述」

第3章

1）外務省ホームページ「障害者の権利に関する条約」第24条
2）文部科学省ホームページ「共生社会の形成に向けたインクルーシブ教育システム構築のための特別支援教育の推進」
3）総務省『平成23年版情報通信白書—共生型ネット社会の実現に向けて』ぎょうせい、2011、p.89

・一般財団法人全日本ろうあ連盟ホームページ「手話言語条例マップ」
・エリック・カール作、もりひさし訳『はらぺこあおむし』偕成社、1976
・スターバックスコーヒージャパンホームページ「プレスリリース（2020/06/24）」
・総務省「インターネットトラブル事例集（2022年版）」
・東京オリンピック・パラリンピック競技大会組織委員会「Tokyo 2020 アクセシビリティ・ガイドライン」
・鳥取県ホームページ「鳥取県手話言語条例」
・森口佑介『子どもの発達格差—将来を左右する要因は何か』PHP新書、2021
・文部科学省『文部科学白書』2020
・文部科学省『幼稚園教育要領解説』フレーベル館、2018

協　力　（五十音順）

学校法人 育英幼稚園
社会福祉法人 たちばな福祉会 RISSHO KID`S きらり岡本
東京都多摩市私立保育園
ラフ・クルー烏山保育園

編者・著者紹介　　※ 著者執筆順。執筆担当箇所は Contents に記載。

編者 **久富 陽子**（ひさとみ ようこ）　大妻女子大学 家政学部 児童学科 教授
主な著書：『幼稚園・保育所実習 指導計画の考え方・立て方第 2 版』（編著、萌文書林、2017）、『改訂 保育内容総論—保育の構造と実践の探求』（共著、萌文書林、2019）、『新訂演習 保育内容総論』（共著、建帛社、2019）、『保育者論』（共著、萌文書林、2012）、他。

小山 朝子（こやま あさこ）　和洋女子大学 人文学部 こども発達学科 准教授
主な著書：『講義で学ぶ 乳児保育』（編著、わかば社、2019）、『子どもの理解と援助演習ブック』（共著、ミネルヴァ書房、2021）、『改訂 乳児保育の基本』（共著、萌文書林、2019）、他。

和田 美香（わだ みか）　東京家政学院大学 現代生活学部 児童学科 准教授
主な著書：『子どもの姿ベースの新しい指導計画の考え方』（共著、フレーベル館、2019）、『0・1・2歳児子どもの姿ベースの指導計画』（共著、フレーベル館、2019）、『保育者のためのキャリア形成マネジメントブック』（共著、みらい、2023）、他。

岩井 真澄（いわい ますみ）　東京未来大学 こども心理学部 こども心理学科 講師
主な著書等：「幼児教育におけるオペレッタの普及とその歴史的背景—保育雑誌におけるオペレッタ記事に着目して」（単著、「保育文化研究 第 15 号」、日本保育文化学会、2022）、他。

石川 昌紀（いしかわ まさのり）　東京家政大学短期大学部 保育科 准教授
主な著書：『教育・保育実習のデザイン〈第 2 版〉—実感を伴う実習の学び』（共著、萌文書林、2019）、『実践事例を通して具体的なかかわりを学ぶ保育現場における特別支援』（共著、教育情報出版、2023）、他。

小櫃 智子（おびつ ともこ）　東京家政大学 子ども支援学部 子ども支援学科 教授
主な著書：『実践例から学びを深める 保育内容・領域環境指導法』（編著、わかば社、2021）、『保育園・認定こども園のための 保育実習指導ガイドブック』（編著、中央法規出版、2018）、他。

相樂 真樹子（さがら まきこ）　淑徳大学短期大学部 こども学科 准教授
主な著書：『実践例から学びを深める 保育内容・領域健康指導法』（編著、わかば社、2022）、『理論と実践をつなぐ保育原理』（共著、大学図書出版、2021）、他。

<執筆協力> ● Part 3　第 1 章　実践事例
徳澤 穂香（元社会福祉法人 たちばな福祉会 RISSHO KID`S きらり 岡本 保育士）
坂本 喜一郎（社会福祉法人 たちばな福祉会 RISSHO KID`S きらり 岡本 園長）

● 装丁 **タナカアン**　● イラスト **山岸 史**

実践例から学びを深める
保育内容・領域 **言葉 指導法**

2023 年 5 月 10 日　初版発行

編著者　久 富 陽 子
発行者　川 口 直 子
発行所　（株）わかば社

〒 173-0004　東京都板橋区板橋 2-46-12
tel(03)6905-6880 fax(03)6905-6812
(URL)https://www.wakabasya.com
(e-mail)info@wakabasya.com
印刷／製本 シ ナ ノ 印刷（株）